문화문고 020

경전으로 본 세계종교
천 도 교

윤석산 홍성엽 편저

傳統文化硏究會

경전으로 본 세계종교

편집위원회		집필위원		자문위원	
공동위원장	금장태	그리스도교	이정배	그리스도교	심상태(천주교)
	길희성	도　　교	이강수		유동식(개신교)
기획편집위원	김종서	동　　학	홍성엽	도　　교	김충렬
편집출판위원	신승운	불　　교	김용표	동　　학	표영삼
		유　　교	이기동	불　　교	목정배
		이 슬 람	김영경	유　　교	안병주
		힌 두 교	길희성	이 슬 람	김정위

경전으로 본 세계종교

문화문고 **천도교**　　　　　　　　정가 10,000원

2016년 1월 20일 초판 인쇄
2016년 1월 30일 초판 발행

편　저　윤석산 홍성엽
기　획　이계황
편　집　남현희
교　정　이효재
출　판　김주현
관　리　함명숙
보　급　서원영

발행인　이계황
발행처　(사)전통문화연구회
　서울시 종로구 삼일대로 428 낙원빌딩 411호
　전화 : 02-762-8401 전송 : 02-747-0083
　사이버書堂 : cyberseodang.or.kr
　온라인서점 : book.cyberseodang.or.kr
　전자우편 : juntong@juntong.or.kr
등　록 : 1989. 7. 3. 제1-936호
인쇄처 : 한국법령정보주식회사(02-462-3860)
총　판 : 한국출판협동조합(070-7119-1750)

ISBN 979-11-5794-086-8 04250
　　　978-89-91720-76-3(세트)

기획위원회

위 원 장　금장태
위　　　원　박석홍 신승운 신용호 이상진 이정섭

임 원

상임고문　이한동
고　　　문　김동철 송재소 안병주 이용태 이택휘 정우상
회　　　장　이계황
부 회 장　금장태 성백효 신승운 이정섭 정태현
이 사 장　조부영
이　　　사　권오춘 김성룡 김재갑 김천식 박석홍 박소동
　　　　　　신용호 이건일 이광호 이무철 이상진 이재원
　　　　　　이홍주 전호근 조준하 최삼용 한희철
감　　　사　서정문 심영수

간행사

본회는 한국고전의 연구와 번역의 선결과제先決課題로, 동양고전의
협동연구번역과 on-off라인을 통한 교육을 해온 지 20여 년이 되었
다. 이는 우리의 역사歷史와 문화文化를 깊이 이해하기 위하여 동양의
역사와 문화를 총체적으로 조명하여야 한다는 취지에서이다.

그런데 동서양 고전에 대해서 그 중요성은 인정하고 있지만, 특히
한국과 동양의 한문고전은 지식인이나 일반인은 물론 전문가조차
해독하기 어려워 일본이나 중국의 번역본을 중역하는 상황이었고,
동양고전은 현대화가 늦어져 이제야 본격적인 작업을 하고 있다.

오늘날 각계의 교류가 긴밀히 이루어지면서 세계가 하나로 되
는 상황에 이르러, 우리 국민의 역사·문화 의식이 한국에서 동양
으로, 또 세계로 지향해야 하는 시급한 시대가 다가왔다.

그러나 세계로의 지향이 서구화의 다른 이름이고 우리로서는
허상일 수 있음을 주의해야겠지만, 우리와 동양의 자주성과 자존
의 아집도 경계하여 새로운 그 무엇을 그려내야 할 것이다. 이를
위해서는 일차적으로 한韓·중中·일日이 삼국양립三國兩立에서 발전
하여 삼국정립三國鼎立을 이룸으로써, 치욕의 역사에서 벗어나 안정
과 발전의 기반을 마련해야 할 것이다.

본회는 이러한 상황에서 1차적인 준비로 '동양문화총서'를 몇

권 간행한 바 있으나, 이 계획의 충실을 기하기 위해서는 한 손에는 연구, 다른 한 손에는 보급이라는 과제를 좀 더 확실히 해결하지 않으면 안 된다. 이러한 문화 보급의 취지에서 앞으로 국민의 전체적인 수준 향상을 위하여 '사서四書'의 문고화를 시작으로, 우리와 동양에서부터 서양의 고전과 인물과 문화에 관한 '문화문고' 간행의 출발점으로 삼고자 하는 것이다.

대체로 문고는 연구서에 비하면 2차적 작품이므로, 해석과 주석 등을 본문에 녹여서 중등학생 수준의 독자가 읽어서 이해되도록 하려고 한다. 그러나 특수한 분야나 전문적인 것도 필요한 것이다. 또한 시대에 부응하여 편리하며 염가로 읽힐 수 있는 '전자출판'도 겸행할 예정이다.

구미歐美의 유명한 문고본이 끼친 세계 문화적 영향이나, 이웃 일본의 교양과 지식이 이와나미문고岩波文庫에서 나왔다는 사실을 기억해야겠다. 우리나라의 문고본은 그간 부침浮沈이 있었으나, 여러분의 서가에도 상당수 있듯이 그 공헌은 인정하지 않을 수 없다.

앞으로 우리는 동양고전의 번역 및 교육사업과 함께 통섭적統攝的 방법으로, 국가경쟁력을 키우고 문예부흥을 개막하는 계획의 꿈도 이루기 위하여 지혜를 모아 헌신할 것을 다짐하며, 이에 각계의 관심과 지원을 기대한다.

전통문화연구회 회장 이계황

이 책에 대하여

천도교는 그 역사가 오래되지를 않았다. 이제 불과 150여 년의 짧은 역사를 지닌 종교이다. 그러나 이 짧은 시간 속에서 천도교는 수많은 일을 해왔다. 잘 알려진 갑오동학혁명甲午東學革命을 비롯하여, 갑진개화운동甲辰開化運動, 3·1 독립운동, 신문화운동新文化運動 등, 격변의 19세기 후반과 20세기 초반을 지나면서 우리나라 역사의 중심에 서서 이끌어왔다.

이와 같은 천도교가 보여준 사회 실천의 모습은 결국 천도교 경전經典에 명기된 천도교 스승님들의 가르침을 근거로 한 실천이었다. 수운대신사水雲大神師(최제우崔濟愚, 1824~1864)께서 천명한 '사람이 모두 한울님을 모셨다.'는 '시천주侍天主'는 현실적 실의의 사람들에게 새로운 자각과 희망을 주었다. 그러므로 이들 민중들을 새로운 사람으로 거듭 태어나게 했던 것이다. 그런가 하면 이 시천주를 바탕으로 하는 해월신사海月神師(최시형崔時亨, 1827~1898)의 법설인 사인여천事人如天, 삼경三敬, 이천식천以天食天 등의 가르침은 만유와 더불어 살아야 함의 당위성과 함께 살아가는 길을 제시하였다. 또한 의암성사義菴聖師(손병희孫秉熙, 1861~1922)는 두 분 스승님들의 가르침을 체계화하고 철학화하므로, 수련에 이르는 길을 밝혀놓으셨다.

본 책은 이러한 천도교의 스승님들이 쓰시고 또 엮어놓은 경전과 법설을 바탕으로 천도교의 교의와 사상, 나아가 인간의 문제, 궁극적 실재의 문제, 세계관의 문제, 우주관 등을 찾아가고자 한 책이다. 아직 천도교는 교의나 사상의 면에서, 그 역사의 일천한 만큼이나 분명하게 체계화를 이루지 못하고 있다. 그러므로 혼선 또한 자리하고 있다. 본 책이 이러한 천도교의 교의와 사상에 대한 혼선을 여하히 완화시키고, 독자들에게 보다 쉽게 천도교의 교의와 사상이 전달될 수 있다면, 이 책은 소임을 다 하는 것이라고 생각한다.

이 책은 주최를 한 전통문화연구회에서 밝힌 바와 같이, 처음에는 여러 종교의 경전을 바탕으로 한 여러 종교가 함께 묶인 큰 책으로 발간이 되었었다. 그러한 큰 책을 종교별로 분책을 해서 각 종교의 특성을 살리는 책으로 다시 복간을 한 것이 바로 이 책이다. 처음 이 책을 쓴 사람은 홍성엽洪性燁 선생이었다. 한 생애를 참으로 진지하게 살아온 홍 선생이 유명을 달리하고, 이 자리에 없으므로, 그 보완이 나에게 맡겨져, 내가 홍 선생이 쓴 기반 위에 나의 생각을 더하고, 또 몇몇 의견을 달리하는 부분을 고쳐서 오늘 한 권의 책으로 출간하게 되었다.

홍 선생의 성령性靈이 이 책에 함께 하리라 믿으며, 한울님의 큰 영으로 돌아간 홍 선생이 평안하기를 심고 드린다.

2015년 12월 15일 남양 우거寓居에서 윤석산尹錫山 심고心告

일러두기

1. 본서는 동서양東西洋의 중요한 고전古典, 인물人物, 문화文化에 관한 모든 국민의 교양도서로, 미래 한국의 양식良識 기반을 구축하기 위한 문화문고文化文庫이다.

2. 본서는 《경전으로 본 세계종교》(전통문화연구회, 2001) 〈동학〉을 문고文庫 형태에 맞게 개고改稿하였으며, 그중 일부 내용을 제외하였다.

3. 본서의 체제는 《경전으로 본 세계종교》의 체제를 따랐으며, 각 항목과 그에 대한 설명을 수정 보충하였다.

4. 본서의 항목은 비교종교학적 관점에서 주제별로 정리되었다.

5. 고유명사와 용어 및 주요 어휘는 독자의 문장 이해를 위하여 한글과 한자漢字를 병기하였으며, 맞춤법과 띄어쓰기는 한글 맞춤법과 표준어 규정을 따르는 것을 원칙으로 하였다.

6. 본서에 사용된 주요 부호符號는 다음과 같다.
    " ": 대화, 인용
    ' ': 재인용, 강조
    ( ): 간단한 주석註釋

〔 〕: 음이 다른 한자漢字 및 자구字句, 번역문의 원문原文

《 》: 서명書名

〈 〉: 편장명篇章名, 작품명作品名

참고문헌

• 대상 경전 : 《동경대전東經大全》, 《용담유사龍潭遺詞》, 《해월신사법 설海月神師法說》, 《의암성사법설義菴聖師法說》

• 김인환, 《동학의 이해》, 고려대출판부, 인문사회총서1, 1994.
• 김지하, 《생명과 자취》, 솔출판사, 1996.
• 김철, 《동학정의東學精義》, 동선사, 1989.
• 신일철, 《동학사상의 이해》, 사회비평사, 사회비평신서51, 1995.
• 윤석산 주해, 《동경대전東經大全》, 동학사, 1998.
• ———, 《동학교조 수운 최제우》, 모시는 사람들, 2004.
• ———, 《해월 최시형의 삶과 사상, 일하는 한울님》, 모시는 사 람들, 2014.
• 천도교 중앙총부 교사편찬위원회, 《천도교백년약사天道敎百年略史》, 1981.
• 《천도교경전天道敎經典》, 천도교 중앙총부, 1992.
• 《천도교의절天道敎儀節》, 천도교 중앙총부, 2000.
• 최동희 해제·역, 《한국의 민속종교사상 동경대전 용담유사》, 삼 성출판사, 1993.
• 본서의 도판자료는 윤석산 선생과 천도교 중앙총부에서 제공함.

목 차

제1장

천도교 개요

기포起包하는 동학군東學軍

1. '동학'과 '천도교'라는 이름

'동학東學'이라는 이름이 처음 등장하는 곳은 천도교 경전인 《동경대전東經大全》 중 〈논학문論學文〉에서이다. 이 글은 동학의 교조 수운대신사水雲大神師(최제우崔濟愚, 1824~1864)가 관의 지목을 피해 전라도 남원 은적암隱跡庵이라는 산속 암자에 숨어 지내면서 쓴 글이다. 수운대신사가 경주 용담龍潭에서 가르침을 펴기 시작한 지 불과 몇 달이

동경대전東經大全

되지를 않아 많은 사람들이 찾아오게 되자, 이를 유심히 살피던 경상도 일대 유생儒生들이 수운대신사의 가르침이 서학西學(천주교)의 말류末流라고 지목을 하며, 서원書院 간에 통문을 돌리며 경계하였다. 이로 인하여 수운대신사는 관의 지목과 함께 탄압을 받게 되었고, 마침내는 용담을 떠나 전라도 남원으로 오게 된 것이다.

이와 같은 사정으로 볼 때에 전라도 은적암에서 썼다는 〈논학문〉이라는 글은 다름 아닌 수운대신사 자신의 가르침이 결코 '서

학의 말류가 아니라, 우리나라의 오랜 문화적 전통과 사유를 바탕으로 한 가르침이다.'라는, 즉 동학의 정체성을 밝힌 글이었음을 알 수가 있다.

특히 수운대신사는 이 글 중에서, 동학이 서학과 어떻게 다른가를 묻는 제자들의 물음에, "도道는 비록 천도天道이나 학學은 동학東學이다.〔道雖天道 學則東學〕"라고 천명하였는데, 이는 자신의 가르침은 천도를 궁구하는 학문으로서 서학과는 다른 것임을 강조하고 있는 것이다.

특히 수운대신사가 살던 조선이라는 시대에는 오늘의 'religion'이라는 서양어의 번역어인 '종교宗敎'라는 용어가 없던 때이다. 다만 이에 대응될 수 있던 말로는 '도道', '학學', '교敎', '술術', '법法' 등이 있었다. 따라서 수운대신사는 자신의 가르침을 '도道로서의 천도天道'와 '학學으로서의 동학東學'으로 나누어 표현했던 것으로 생각된다. 즉 동학은 천도를 궁구하는 학문의 이름이라고 하겠다.

이와 같은 면으로 볼 때에 '동학'이라는 이름은 혹 많은 기존의 연구자들이 이야기하는 바와 같이, 단순하게 서학에 대응하기 위하여 붙여진 이름이 아님을 알 수가 있다. 즉 '동학'은 '동방지학東方之學'의 준말로서, 우리의 오랜 문화적, 학문적, 신앙적인 전통을 바탕으로 일어난 학문을 말한다. 더구나 수운대신사가 조선 조정에 체포가 되어 문초를 받을 때, 당시 취조관에게 "동학은 그 이름을 동국東國의 의義에서 취한 것이다.〔名之曰東學 取東國之義〕"라고 진술하고 있는 점을 보아, 이는 더욱 분명하다.

그러나 수운대신사의 가르침들을 잘 고찰해보면, 동학은 '다만 학문'으로 그치지 않고 있음을 알 수 있다. 즉 재래적 독서인讀書人들이 취하는 학문적인 태도를 벗어나, 오늘로 말하면 종교적인 수행修行까지도 포함하고 있음을 알 수가 있다. 즉 당시 유학자들이 취하고 있던 독서인으로서의 모습, 또는 수양인修養人으로서의 모습을 뛰어넘고 있다. 이와 같은 면에서 동학은 학문적인 체계를 갖추고 있을 뿐만 아니라, 신앙의 측면인 수련修煉을 통한 내면적인 깨달음, 나아가 신앙의 대상인 한울님이라는 신을 경배하고 또 이를 삶 속에서 실천하고자 하는 '총체성'의 명칭이다.

이와 같은 '동학'이 '천도교天道敎'라는 이름으로 바뀐 것은 1905년의 일이다. 당시 동학의 3세 교주인 의암성사義菴聖師(손병희孫秉熙, 1861~1922)는 수운대신사가 〈논학문〉에서 천명한 "도는 비록 천도이나 학은 곧 동학이다."라는 말을 근본으로 삼아, '학學'의 이름인 '동학'을 '도道'의 이름인 '천도天道'로 바꾸면서, '천도교天道敎'라는 '교敎'로 천명을 하였던 것이다. 다시 말해서, '도'로서는 '천도'요, '학'으로는 '동학'이요, '교'로서는 '천도교'라는 의미가 된다. 즉 종래의 '종교'라는 이름과 개념이 분명하지 않았던 시대에 '천도'를 궁구하는 '학'으로서의 '동학'을 종교의 이름인 '천도교'로 개명을 한 것이다.

천도교라는 종교의 이름으로 개명을 하므로, 조선 조정으로부터 이단으로 탄압을 받던 동학은 한 종교로서 종교의 자유를 얻고 공식적인 활동을 하게 되었다. 우리나라는 1882년 조미수호통상

조약朝美修好通商條約으로 어느 정도 종교의 자유가 허여되기 시작하였다. 이와 같은 사회적 분위기와 국가 차원에서의 조처를 기반으로 '동학'을 '천도교'라는 종교로 천명하므로 비공인이 된 채 숨어서 활동을 하던 동학이 사회적인 공인 아래 천도교로 활동을 하게 된 것이다. 그런가 하면, 1910년 일제의 강제 합병 이후, 우리나라 내의 종교 단체와 교육 단체를 제외한 모든 단체를 인정하지 않고 폐쇄시키는 일제의 강압적인 정책 속에서도, 동학이 천도교라는 종교 단체로 바뀌었기 때문에 폐쇄의 조치로부터 그 제재를 받지 않고 존속할 수 있었다.

의암성사가 1905년 12월 1일 천도교로 대고천하大告天下하면서 언급한 바와 같이 '어제의 동학이 곧 오늘의 천도교'가 된 것이다.

2. 동학·천도교의 창도唱導와 역사歷史

동학의 창도는 다각적인 면에서 고찰되어 왔다. 그 창도의 동인으로 첫째 조선 후기 사회가 안고 있는 정치적, 사회적인 부패의 모습을 들고 있다. 즉 19세기 조선 사회가 안고 있던 부정부패는, 그 역의 방향에서 새로운 변혁의 의식을 불러왔고, 이에 따라 동학이라는 새로운 변혁적인 사상이 등장하게 되었다고 보는 것이 이 견해이다.

둘째로는 수운대신사가 재가녀再嫁女의 아들로 태어났다는 신분

문제 때문이었다는 면도 재기되고 있다. 즉 수운대신사가 근암공近菴公 최옥崔沃이라는 양반 집안의 자손이지만, 그 어머니가 재가녀이기 때문에 당시 사회적인 제도 속에서는 그 기량을 펼 수 없었고, 그러므로 기존의 사회적인 모순을 극복하고자 새로운 가르침인 동학을 세상에 내놓았다는 것이 이 견해이다.

수운대신사 최제우

다시 말해서 부패한 시대에 신분적인 제한으로 인하여, 그 불만이 더욱 증대된 한 젊은 지식인인 수운대신사가 조선이라는 봉건적 질서의 한계를 깨닫고, 이를 극복하고자 내놓은 가르침이 동학이라는 것이다.

따라서 이와 같은 배경 속에서 창도된 동학은 조선 사회가 안고 있는 봉건적 질서인 신분제도를 타파하고자 '평등사상'을 세상에 내놓았고, 나아가 외세로부터 나라를 구해야 한다는 '보국안민輔國安民의 사상'을 내놓았다고 보고 있다. 그러므로 동학은 위난의 한국 근대사를 거치면서 척양척왜斥洋斥倭의 교조신원운동, 갑오동학혁명, 갑진개혁운동, 3·1 독립운동, 무인멸왜기도戊寅滅倭祈禱 등

수많은 시민운동, 문화운동, 독립운동 등을 펼쳐나간 것이라고 보고 있다.

결국 이와 같은 견해는 동학의 창도 및 그 전개를 정치사회적, 혹은 역사적인 입장에서 접근한 것이 된다. 따라서 동학은 그 창도에서 전개까지 종교적이고 또 신앙적인 면보다는 정치적, 사회적인 면이 보다 크게 부각되고 있다. 이러한 결과 많은 사람들의 의식 속에서 동학은 종교이기보다는 사회개혁운동으로 인식되고 있음이 그 일반이다.

그러나 수운대신사가 경신년庚申年(1860) 4월에 겪게 되는 종교체험, 또는 수운대신사나 동학의 2세, 3세 교주인 해월신사海月神師(최시형崔時亨, 1827~1898), 의암성사 등이 남긴 가르침을 살펴보면, 동학은 단순한 사회운동의 성격만을 지닌 것이 아님을 알 수가 있다. 종교적인 체계와 함께, 종교적 신앙의 바탕 위에서 이룩한 사회사상과, 이를 근거로 지속적으로 사회운동을 펼쳐나간, 매우 '총체적인 무엇'임을 알게 된다.

먼저 수운대신사는 어지러운 세상을 구할 수 있는 가르침을 얻고자 10여 년의 기간 동안 세상을 떠돈다. 이와 같은 주유팔로周遊八路를 통해 당시 수운대신사가 인식하고 있던 세상의 어지러움이란, 단순하게 지배계층인 양반·관료의 문란으로 인하여 피지배계층인 평민과 천민이 억압을 당한다는, 이원적二元的 대립 구조에 의한 것이 아니었다. 수운대신사는 당시의 시대적 타락상은 양반이나 상민을 막론한 모두의 총체적인 타락이었음을 지적하고 있다.

그러므로 수운대신사는 그의 저서인 《용담유사龍潭遺詞》를 통해, 매관매직賣官賣職을 일삼는 권력자나, 돈을 산같이 쌓아놓고 있는 부자나, 심지어는 유리걸식流離乞食하는 패가자敗家者, 뿌리 없이 떠도는 사람들까지 모두 자기 하나만 살려고 하는 타락한 이기주의에 물들어 있고, 그러므로 세상이 어지러워지고 있다고 한탄하고 있다. 바로 이와 같은 '타락한 이기주의'인 '각자위심各自爲心(각기 자신의 마음만을 위한다.)'의 세태가 당시의 시대상을 타락시켰고, 나아가 위기로 몰아가게 되었다고 수운대신사는 보고 있다. 그런가 하면, 당시 새로운 세력으로 들어오는 서양·서학은 이러한 각자위심의 세태를 더욱 부채질하는 요인이 되고 있다고 수운대신사는 설파하게 된다.

이와 같은 수운대신사의 시대에 대한 인식은 도덕적 기준을 바탕으로 하는 종교적 시각에 의한 것이라 하겠다. 따라서 수운대신사는 이러한 시대적 위기를 제도의 변혁이나 정치적 변혁을 통해 개혁하고자 하지 않았다. 대신에 타락한 사람들의 마음을 바꾸므로, 시대적 위기를 극복하고자 하였다. 그러므로 수운대신사는 이와 같은 견지에서 세상 사람들을 올바르게 가르칠 수 있는 도를 구하고자 세상을 떠돌게 되었고, 마침내 을묘년(1855) 봄 처가 동네인 울산 여시바윗골에서 어느 이인異人으로부터 천서天書를 받았다는 신비체험을 하게 되었다.

이때의 사건을 천도교에서는 '을묘천서乙卯天書'라고 부른다. 이 을묘천서는 수운대신사가 지금까지 행해오던 구도求道에의 획기적

인 전환이 되었다. 즉 수운대신사는 10여 년을 떠돌며 자신의 밖
에서 도를 구하고자 노력을 했었다. 그러나 이 을묘천서 이후 이
러한 구도의 방식을 버리고, 기도를 통해 자신의 내면, 또는 절대
자로부터 도를 구하는 태도로 전환을 했던 것이다. 이와 같은 모
습은 곧 수운대신사가 지금까지 무신론적인 입장에서 도를 찾아
세상을 떠돌아 다녔다면, 을묘천서 이후부터는 매우 종교적인 유
신론적인 입장에서 기천祈天을 통해 도를 구하고자 했던 것으로 풀
이된다.

그러므로 을묘천서 이후 수운대신사는 세상을 떠돌며 도를 구
하던 것을 멈추고, 양산梁山 천성산千聖山에 자리한 내원암內院庵, 자
연 동굴인 적멸굴寂滅窟 또는 자신의 고향인 경주 용담 등지에서
기천祈天을 통한 수련을 감행하게 된다. 이와 같은 기천을 통한 수
련의 결과 수운대신사는 경신년(1860) 4월 한울님을 만나고 또 한
울님과 대화를 한다는 신체험神體驗을 하게 되고, 이 신체험을 통
해 결정적인 종교체험(religious experience)을 하게 되었던 것이다.

수운대신사의 종교체험은 새로운 차원의 경험이며 동시에 새로
운 세계에의 개안開眼이기도 하다. 그러므로 수운대신사는 이 종교
체험을 통해 한울님이라는 궁극적 존재로부터 가르침을 받게 되
었고, 이 가르침을 바탕으로 '동학이라는 가르침'을 세상에 내놓게
된다. 이와 같은 점을 미루어 보아 동학의 창도는 그 외양상 조선
사회가 지닌 역사적, 사회적, 정치적인 배경이 매우 중요한 동인動
因이 되고 있지만, 그보다는 보다 본원적인 면에서, 수운대신사의

신체험을 통한 종교체험이라는, 종교적 사건에 의한 것이었다고
할 수가 있다.

이와 같은 점에서 동학이 다만 사회사상이나 운동만이 아니요,
또한 단순한 종교만이 아닌, 이 양자를 모두 종합적으로 포함하는
사상이며, 운동이며, 나아가 신앙이며, 또 종교임을 알 수가 있다.

이와 같이 창도된 동학
은 조선 조정에 의하여 교
조인 수운대신사가 참형을
당하게 되자, 고난의 역사
속을 걷게 된다. 수운대신
사로부터 도통道統을 물려
받은 해월신사는 관의 지
목을 받으며 36년간이라는
장구한 세월을 태백산맥과
소백산맥이 어우러지는 경
상도, 충청도, 강원도 산간

해월신사 최시형

마을 50여 곳을 전전하며 살아간다.

이와 같은 36년간의 도피 생활은 단순한 도피만은 아니었다.
36년간 산간을 떠돌면서 해월신사는 흩어진 동학 교도들을 다시
모아들이고, 교단을 조직하고자 피나는 노력을 했던 것이다. 이러
한 노력의 결과 1890년대에 이르러서는 교조인 수운대신사의 억
울한 죽음을 신원하고자 하는 '교조신원운동'을 조선 조정을 향해

전개할 수 있을 정도로 교세를 확장하였다.

교조신원운동에 이어 1894년 고부古阜의 동학 접주接主 전봉준全
琫準이 이끄는 봉기를 필두로 제폭구민除暴救民, 척양척왜斥洋斥倭,
보국안민輔國安民의 기치를 내세운 동학혁명을 일으킨다. 동학군은
파죽지세로 관군을 격파하고 전주성까지 함락을 하였으나, 조선
조정이 외세인 청淸나라에 구원을 청하므로, 청나라와 일본이 개
입을 하게 되고, 일본군과 관군에 의하여 무참히 학살당한 채 동
학혁명은 실패로 끝났고, 해월신사는 체포되어 순도殉道하였다. 그
러므로 동학 교단은 또 한번의 어려움을 겪게 되었다.

의암성사 손병희

그러나 3세 도통을 이은 의
암성사에 의하여 동학은 천도
교라는 종교의 이름으로 다시
태어나게 되었고, 일제의 강제
합병에 저항하여 기미 3·1 독
립운동을 일으킨다. 일제의 무
력 진압으로 인하여 기미 3·1
독립운동은 소기의 목적을 이
루지 못하였지만, 임시정부를
이룩하는 기초가 되어 오늘날
대한민국이 건국되는 바탕이
되었다. 이와 같이 천도교는 한국 근대사에 있어 결코 소홀히 할
수 없는 많은 사회운동, 구국운동을 펼쳐왔다.

기미 3·1 독립운동 이후, 천도교는 한편으로는 문화운동을 일으키므로 1920년대 이후 《개벽》, 《별건곤》, 《어린이》, 《신여성》 등의 잡지를 발간하는 한편 한국 근대기의 문화운동을 주도해나갔다. 그런가 하면, 수운대신사와 해월신사의 가르침을 사회적으로 실천하는 일환으로 어린이운동을 일으키므로, 오늘 우리나라에서 행하는 어린이날의 그 처음을 열어놓았다. 또한 여성운동을 펼치므로 여성의 사회적 지위를 확립하는 계기를 이루었다.

천도교는 19세기라는 혼란과 위기의 시대에 창도되어 한국의 근대사를 주체적으로 이끌어온 원동력이었다. 교조신원운동을 통해 우리나라 초유의 민회民會를 열어갔는가 하면, 동학혁명을 통하여 반외세의 자주정신을 일깨워주었다. 그런가 하면 기미 3·1 독립운동 등을 통하여 독립과 구국의 기치를 높이 세웠던 것이다. 따라서 천도교의 역사는 다만 한 종단의 역사만이 아니라, 우리 민족, 우리나라의 역사이기도 하다.

3. 시천주侍天主의 모심과 사인여천事人如天의 섬김

경신년(1860) 4월 결정적인 종교체험 통하여 수운대신사는 한울님으로부터 '나의 마음이 곧 너의 마음'이라는 '오심즉여심吾心卽汝心'의 심법을 받는다. 이렇듯 한울님으로부터 받은 심법을 바탕으로 한울님이라는 신이 초월된 공간에 계신 것이 아니라, 내가 모시고 있으며 동시에 우주에 편만되어 있음을 깨닫게 되고, '내가 모시고 있다.'는 '시천주侍天主'를 자신의 중심 사상으로 삼는다.

동학은 바로 '시천주'의 '모심'을 그 근본사상으로 하는 가르침이다. 시천주란 '사람과 신과의 관계 지음'이다. 선천先天의 가르침과 같이 '신神'이라는 궁극적 존재가 인간과는 다른 초월적인 공간에 있으므로, 나와는 분리되어 있고 그러므로 나를 지배하는 존재가 아니라, 나와 더불어 숨 쉬고 생각하고 살고 있음을 밝힌, '나와 신과의 관계 지음'의 새로운 모습, 곧 '신과 나와 관계 지음'의 새로운 인식이 된다.

나아가 이러한 시천주에 의한 신은 내 안에 자리하고 있는 '참 나'이며, 동시에 내가 태어난 나의 근본이기도 하다. 그런가 하면 우주 만유 모두 근원적으로 무궁한 한울님을 모시고 있으므로, '나와 만유와 우주'는 궁극적으로 한 생명으로 연결되어 있다는 '우주 공동체적 삶'을 드러내는 구체적인 표현이기도 하다.

이와 같은 시천주를 근간으로 수운대신사는 동학의 인간관, 우주관, 신관 등을 정립하기도 한다. 곧 무궁한 존재인 한울님을 내 안에 모셨으므로, '나'라는 유한적 존재가 궁극적으로 무궁한 우주와 더불어 '무궁한 나'가 될 수 있다는, 그러한 '동학의 인간관'을 제시한다. 또한 우주는 곧 모든 생명체와 유기적인 연관을 맺고 있는 커다란 하나의 생명체라는 '동학의 우주관'을 이루는 근간이 되기도 하고, 나아가 이 우주의 근원적인 섭리가 곧 신의 작용이며, 동시에 신이 현현顯現된 면모라는 '동학의 신관'을 확립하기도

한다.

또한 수운대신사는 이러한 시천주 사상을 통해 인간은 누구나 본질적으로 평등하다는 만인평등주의를 세상에 내놓았다. 즉 당시 사회적으로 그 신분이 천한 사람이나 존귀한 사람이나, 부자나 가난한 사람이나 누구를 막론하고, 모두 본원적으로 한울님이라는 무궁한 존재를 모시고 있으므로, 세상의 모든 사람은 '무궁한 존재'로서 평등하다는 가르침을 펼쳤던 것이다. 그러므로 이러한 시천주 사상은 신분의 차별이 분명한 당시 봉건사회 속에서 보다 획기적으로 수운대신사가 자신의 도를 대사회적인 면으로 펼칠 매우 강력한 기틀을 마련하기도 했다.

이와 같은 점에서 수운대신사의 가르침은 당시 빈천貧賤의 삶에서 위기를 겪고 있는 많은 사람들에게 새로운 희망이 되었으며, 잠재되어 있는 민중이 새롭게 눈을 뜨게 하는 원동력이 되기도 했다. 아울러 당시의 혼란으로 점철되는 시대적인 위기를 극복하고 나라를 구할 수 있는 주체는 부귀富貴로운 집권층만이 아니라, 나를 비롯한 빈천貧賤한 민중 역시 이에 주체적으로 참여할 수 있다는 사실을 자각시켜주었다.

또한 세상의 모든 사람들이 한울님을 모시고 있다는 시천주를 근간으로 하여 '사람을 한울님 같이 섬기라.'는 '사인여천事人如天'의 실천윤리가 천도교에는 나오게 된다. '사람을 한울님같이 섬기라는' 사인여천事人如天은 해월신사의 가르침이다. 해월신사는 사람을 한울님같이 섬기는 예로 '며느리'와 '어린아이'를 들고 있다. 이미 유명해진 이야기로 청주에 사는 서택순徐垞淳이라는 제자의 집을 방문하였을 때, 베를 짜는 며느리를 일컬어 한울님이 베를 짠다는 가르침을 편다. 이 해월신사의 가르침에는, 비록 사회적, 가정적으로는 시아버지의 신분이지만 그 며느리를 대할 때에는, 이 며느리를 한울님으로 대해야 한다는 교훈이 담겨져 있다. 또한 해월신사는 이어서 집안의 부인들이 어린아이를 경솔하게 때리지 말라고 가르친다. 어린아이를 때리는 것은 곧 한울님을 치는 것이며, 이로 인하여 한울님이 싫어하고 또 기운이 상한다고 가르쳤다.

이러한 해월신사의 가르침은 당시 사회적 구조에 의하여 상대적으로 불평등의 고통을 받고 있는 계층인 여성, 특히 며느리, 어린아이 등만의 인권회복에 그치고 있는 것은 아니라고 본다. 여성도 어린이도 남성이나 어른과 같이 한울님을 모시고 있으므로, 이들 역시 존중받아야 한다는 상대적 존중이 아닌, 이 상대성을 뛰어넘는 남성도 여성도, 어린이도 어른도 모두 한울님을 모시고 있으므로 존중받아야 한다는 본원적이고 또 전일적 존중의 의미가 담긴 가르침이다.

이와 같은 해월신사의 가르침은 근원적으로 사람들이 모두 한울님을 모시고 있으므로, 모든 사람들 역시 그 스스로가 우주의 중심이며, 또한 무궁한 우주와 서로 같은 기운으로 연결되어 있는 존재임을 강조한 것이 된다. 그러므로 시아버지가 모신 한울님이나 며느리가 모신 한울님이나, 어른이 모시고 있는 한울님이나 어린이가 모시고 있는 한울님이나 모두 같은 한울님이며, 따라서 어른이나 어린이나, 시아버지나 며느리나, 모두 우주 중심에 자리하고 있는 존재이며, 동시에 서로 같은 기운으로 연결되어 있다는 것이다. 이와 같은 이유로 인하여 비록 시아버지라고 해도 그 며느리를 본원적인 면에서는 한울님같이 대해야 하며, 어린아이를 때리면 이는 곧 한울님을 때리는 것이요, 따라서 한울님의 기운이 상하게 된다는 것이다. 이러한 가르침은 훗날 천도교에서 펼치는 '여성운동'이나 '어린이운동'의 중요한 근본정신이 되었다.

해월신사의 가르침인 사인여천에는 실상 '섬김을 받는 존재가 한울님같이 존귀하다.'는 생각도 중요하지만, '상대를 한울님같이 섬길 수 있는 태도'가 더욱 중요하다는 교훈이 깃들어 있다. 즉 해월신사의 가르침인 사인여천의 '섬김'은 시천주가 지닌 한울님 마음과 기운을 회복하고, 또 이를 변치 않는 '모심'의 사회적 실천이 된다. 따라서 이 사인여천의 '섬김'에는 오늘 우리 현대사회 속에서 가장 절실하게 필요한 '상대에 대한 존중과 배려의 문제'가 담겨져 있다.

4. 다시 개벽, 천리와 인사의 부합

수운대신사는 경신년(1860) 4월 결정적인 종교체험을 통해 한울님이라는 신을 만난다. 따라서 '직접신관直接神觀'을 지니고 있다. 그런가 하면, 시운時運이라는 '영원회귀의 시간관' 또한 지니고 있

다. 이 양자는 실상 서로 다른 세계관을 지닌다. 직접신관은 인격
신의 존재를 상징하는 데 반하여, 영원회귀의 시간관에서 제시하
는 신관은 우주 규범이 의인화된 신이 된다. 많은 종교학자들이
논구한 바와 같이 천도교의 신관에는 이렇듯 서로 다른 신의 모습
이 내포되어 있다.

《용담유사龍潭遺詞》

이와 같은 천도교가 지닌
신관은 그의 개벽관開闢觀에
도 그대로 작용되고 있다. 수
운대신사는 《용담유사》에서 "십
이제국十二諸國 괴질운수怪疾運數
다시 개벽 아닐런가."라는 동
일한 구절을 각기 다른 편을
통해 두 번 언급하고 있다. 한
번은 〈몽중노소문답가夢中老少問
答歌〉에서 언급하고 있고, 다른
한번은 〈안심가安心歌〉 중에서

언급하고 있다. 그러나 이 두 번의 "십이제국十二諸國 괴질운수怪疾
運數 다시 개벽 아닐런가."라고, '다시 개벽'에 관하여 말하고 있는
그 발화자가 서로 같지를 않다. 〈안심가〉에서는 수운대신사 스스
로 발화자로서, 자신의 자질子姪이나 제자들에게 말하는 것으로 되
어 있는 데 반하여, 〈몽중노소문답가〉에서는 수운대신사로 상정되
는 화자話者가 세상을 떠돌다가 금강산 상상봉에 잠깐 앉아 잠이

든 사이에 꿈속에서 만난 신선의 옷을 입은 어느 도사로부터 들은 이야기로 되어 있다. 즉 이때의 발화자는 수운대신사가 만난 '어느 도사'이다.

《용담유사》는 각기 다른 여덟 편의 노래로 된 가사집歌辭集이다. 이 중 〈안심가安心歌〉는 수운대신사가 자신의 가솔을 비롯해 제자들에게 이내 머지않아 좋은 세상이 올 것이니 안심하고 기다리라는 내용의 노래이다. 이에 비하여 〈몽중노소문답가〉는 수운대신사가 을묘년인 1855년 초봄 처가 동네인 울산 유곡동幽谷洞에 있는 어느 초당에서 이인異人으로부터 천서天書를 받는다는, 을묘천서乙卯天書의 사건을 비유해서 부른 노래로 보고 있다. 즉 〈안심가〉는 '이제 다시 개벽이 될 것이니, 그날이 올 때를 대비하라.'는, 제자들을 향한 수운대신사 자신의 가르침을 담고 있는 노래라면, 〈몽중노소문답가〉는 수운대신사가 꿈속에서 만난 어느 이인으로부터 '이제 다시 개벽이 될 것이니, 걱정하지 말라.'는 가르침을 받았다는 노래가 된다.

수운대신사가 꿈속에서 만났다는 우의羽衣를 입은 도사는 수운대신사가 종교체험을 통해 만난 신이다. 이와 같은 의미의 구절은 같은 《용담유사》의 한 편인 〈용담가龍潭歌〉에도 나오고 있다. 수운대신사가 경신년(1860) 4월 결정적인 종교체험을 할 때 "개벽開闢후 5만 년에 네가 또한 첨이로다."라는 한울님의 말씀을 들었다고 노래하고 있다.

이와 같은 사실로 본다면, 한울님이라는 신은 '다시 개벽'이 '십

이제국 괴질운수'의 끝에 시운에 의하여 온다는 사실을 알려준 존재가 된다. 즉 '다시 개벽'은 시운이라는 우주 변화의 틀, 그 운행에 의하여 오는 것이고, 한울님은 이 다시 개벽의 때가 다가옴을 알려준 존재라는 말이 된다. 이러한 문맥에서 읽을 수 있는 것은 한울님이라는 신은 다만 이 사실을 알려주는 존재일 뿐, '다시 개벽'의 주재자가 아니라는 것이다. 그러나 이 부분에서 유의해야 할 점은 한울님이라는 신은 우주 변화의 틀을 주재하지 않는 듯 보이지만, 실은 우주 변화의 틀 그 자체가 한울님이라는 사실이다. 따라서 '주재'라는 의미보다는, 만유와 함께 끊임없는 변화와 생성을 지속하고 있는, 그러한 '우주 변화 그 자체'가 한울님이라는 말이 더욱 정확한 표현이 된다. 이렇듯 천도교는 직접신관에 의한 인격신과 영원회귀의 시간관에 의한 우주 규범이 의인화된 신관 모두를 지니고 있다. 그러므로 한울님의 무궁한 변화이며 동시에 우주의 비밀인 시운에 의하여, 이내 다가올 '다시 개벽'을 한울님이 직접 수운대신사에게 일깨워준 것이라고 하겠다.

그러므로 수운대신사는 이제 머지않아 시운에 의하여 '다시 개벽'이 될 것이니, 세상의 사람들은 이를 맞이하기 위하여 준비를 해야 한다고 가르치고 있다. 즉 '다시 개벽'의 일은 한울님의 일이며 천리이다. 그러나 이러한 '다시 개벽'을 맞이하고 또 바르게 우리 삶 속에 이룩하기 위해서는 사람들 역시 준비를 해야 한다는 것이 수운대신사의 다시 개벽에 대한 지론이다. 천리天理와 인사人事가 부합符合되어야만 비로소 이 지상에 올바른 '다시 개벽'이 이루어진다는 의미가 된다. 이와 같은 뜻에서 수운대신사는 〈교훈가敎訓歌〉에서 "운수야 좋거니와 닦아야 도덕이라."라고 노래하였으며, 〈용담가〉에서 한울님 역시 수운대신사에게 "나도 또한 개벽 이후 노이무공勞而無功하다가서 너를 만나 성공하니 나도 성공 너도 득의得意"라고 말한 것으로 풀이된다.

'좋은 운수'는 바로 시운에 의하여 돌아온 천리가 된다. 그러나 이 천리에 의하여 돌아온 운수에 의한 올바른 '다시 개벽'이 이룩되기 위해서는 필연적으로 '닦아 도덕을 이루어야 한다.'는 것이다. 바로 이 '닦아 이루는 도덕'이 바로 인사人事가 된다. 그런가 하면, 한울님의 뜻도 '노이무공勞而無功' 곧 노력을 해도 이룩되지 않았다는 것은 결국 사람들의 인사가 지극하지 못했기 때문이라는 이야기가 된다. 그러므로 인사에 지극한, 나아가 지극한 마음으로 수련에 정진하므로 도와 덕을 닦는 데에 이른 수운대신사를 만나 비로소 성공을 하게 되었다고 한울님 스스로 말하고 있는 것이다.

천리와 인사가 부합하므로 이룩하는 다시 개벽의 세상을 수운대신사는 《용담유사》 중에서 '춘삼월春三月 호시절好時節'로 표현하고 있다. 이 춘삼월 호시절을 맞이하기 위해서 가장 필요한 것은 정심수도正心修道이다. 천도교에서는 수도의 방법으로 주문수련呪文修煉을 강조한다. 주문은 《동경대전》에서 "주문이란 무엇인가? 한울님을 지극히 위하는 글이다.〔呪文者 何 至爲天主之字〕"라고 하였다. 주문이 함유하고 있는 한울님을 지극히 위한다는 것은 다름 아닌 한울님의 뜻, 곧 천리에 따라 사는 것을 의미한다.

한울님 뜻에 따라 살고자 하는 주문을 염념불망念念不忘하므로 행하는 주문수련을 통해, 도달하는 마음의 경지를 동학에서는 '수심정기守心正氣'라고 한다. 일찍이 이 수심정기에 관하여 수운대신사는 《동경대전》에서 다음과 같이 말하고 있다.

"인의예지는 선천의 성인이 가르치신 바이요, 수심정기는 내 오직 다시 바꾸어 정한 것이다.〔仁義禮智 先聖之所敎 守心正氣 惟我之更定〕"

이와 같은 수운대신사의 수심정기에 관한 언급에 이어 해월신사는 "만일 수심정기가 아니면 인의예지仁義禮智의 도를 실천하기 어려운 것이니라.〔若非守心正氣則 仁義禮智之道 難以實踐也〕"라고 말하고 있다. 이른바 사단四端이 되는 인의예지를 마음에 회복하고 또 이를 실천하기 위해서는 필히 수심정기가 되어야 한다는 말이다.

잘 알려진 바와 같이 사단은 곧 하늘로부터 품부받은 본성이다. 따라서 동학의 입장에서 본다면, 사단은 해월신사가 시천주의 '시'를 해의한 내유신령內有神靈, 곧 '처음 태어난 아이의 마음〔落地初赤子之心〕'이 아닐 수 없다. 따라서 인의예지의 사단을 회복하고 또 회복한 이 인의예지를 지키는 것을 '수심守心'이라고 할 수가 있다. 그런가 하면, 이 회복하고 지키는 인의예지를 바르게 실천하는 것을 곧 '정기正氣'라고 하겠다.

이와 같은 의미에서 본다면, '수심정기'란 시천주의 자각을 통해 회복한 한울님 마음을 지키므로 우주적 질서를 내 안에서 회복하는 길이요〔守心〕, 나아가 한울님 기운을 바르게 하여 이를 바르게 실천함으로써 우주 운행의 법칙에 매우 주체적으로 참여하는 길 〔正氣〕이라고 하겠다. 즉 주문수련을 통하여 마음을 새롭게 열고, 열린 마음으로 만유와 교유하므로, "한울님 마음을 지키고 한울님 기운을 바르게 하면 한울님 성품을 따르게 되고 한울님 가르침을 받게 되어 자연한 가운데 한울님 경지에 이르게 된다.〔守其心正其氣 率其性受其教 化出於自然之中〕"를 말하는 것이다. 그러므로 해월신사는 '수심정기' 네 글자는 "선천 5만 년 동안 하늘과 땅의 끊어졌던 기 운을 다시 이어주고 보충하는 것이다.〔守心正氣 四字 更補天地隔絶之 氣〕"라고 말하고 있다.

주문수련을 통해 이와 같은 수심정기의 경지에 이르게 되면 사 람들은 자연스럽게 천리를 따라 살게 되고, 그러므로 인사와 천리 가 자연스레 부합하게 된다는 것이 천도교의 가르침이다. 따라서 시운에 의하여 오게 되는 새로운 차원의 삶인 '다시 개벽'을 맞이 하게 될 수 있다는 것이다. 즉 '모심'을 통하여 '한울님 마음과 한 울님 기운'을 회복하므로 수심정기의 경지에 이르게 되고, '섬김'을 통한 상대에 대한 존중과 배려를 하게 되고, 나아가 우주 만유에 의 상생과 조화가 이룩되는 것이 바로 '다시 개벽'의 세상이라고 천도교에서는 말하고 있다.

'모심'과 '섬김', 이는 바로 우주적 질서인 천리와 삶의 도리인 인사가 부합하는 길이며, 동시에 만유를 '살림'의 길로 이끄는 길 이 된다. 이가 곧 천도교에서 말하고 있는 "새 하늘, 새 땅에 사람

과 만물이 또한 새로워진다.〔新乎天 新乎地 人與物 亦新乎矣〕"는 마음의
개벽, 사회의 개벽, 우주의 개벽인 '다시 개벽'의 길이다. 동시에
상생과 조화를 통해 새로운 차원의 삶을 이루려는 동귀일체同歸一
體를 이룩하는 길이기도 하다.

5. 수행과 신앙 방법

일반적으로 종교적인 행위는 두 가지가 있다. 즉 경배하는 신의
은총을 바라며, 신을 믿고, 신에게 의지함으로써 '신앙'에 치중하는
종교적인 행위가 있는가 하면, 다른 하나로는 어떠한 종교적 경지
에 도달하여 그 의미를 밝혀내고자 '수행'에 치중하는 종교적인 행
위가 있다. 대체로 모든 종교가 이러한 두 가지 종교행위를 모두
병행하고 있으나, 서양의 종교는 보다 '신앙'에 치중을 하고 있다
면, 동양의 종교는 보다 '수행'에 치중한다고 하겠다.

그러나 천도교의 종교적 행위는 어느 한 가지에 치중하지 않고
'수행과 신앙' 두 가지를 모두 겸하고 있다. 천도교는 수운대신사
의 심법心法이 해월신사에게 이어졌고, 또 의암성사와 춘암상사春
菴上師(박인호朴寅浩, 1855~1940)에게 이어지면서 오늘에 이르고 있
다. 그런가 하면, 오늘과 같은 보다 구체적인 수행과 신앙의 방법
들이 확립된 것은 의암성사 때에 이르러서이다.

먼저 의암성사는 수운대신사와 해월신사의 가르침을 이어 '수행

과 신앙'의 방법으로 오관五款
을 제정하였다. 오관은 주문呪
文, 청수淸水, 시일侍日, 성미誠米,
기도祈禱의 다섯 가지로, 천도
교인이 행해야 할 종교적 의식
儀式과 수행의 방법들이다. 주문
은 곧 천도교의 주문을 읽으며
수련에 임하는 것을 뜻하는 것
이요, 청수는 모든 종교의식에
떠놓는 맑은 물을 말한다. 그

춘암상사 박인호

런가 하면, 기도란 매일 행하는 하오 9시의 기도와 일정한 날과
기간을 정하여놓고 드리는 특별기도 등을 말하고, 시일은 일요일
오전 11시에 봉행奉行하는 종교적인 집회를 말한다. 성미는 매일
밥을 지을 때 한 식구당 한 숟갈씩 정성으로 떠놓은 쌀을 모았다
가 한 달에 한 번씩 교회에 헌납하는 것을 말한다.

　이러한 다섯 가지 종교적인 행위인 오관에는 궁극적으로 '수행
과 신앙'이 모두 담겨져 있다. 먼저 천도교의 수행방법은 바르게
앉아서 눈을 감고 오관의 하나인 주문을 반복적으로 읽는 것을 그
방법으로 하고 있다. 따라서 천도교의 수행에 있어 가장 중요한
것은 주문이 된다.

　《동경대전》〈논학문〉에 의하면, 주문은 "한울님을 지극히 위하
는 글"이라고 되어 있다. '한울님을 지극히 위하는 글', 이는 다른

말로 하면 한울님의 뜻에 따라 살아간다는 말이 된다. 이 주문을 통하여 한울님의 섭리에 따라 살아감으로써 하나의 커다란 생명체인 이 우주, 곧 한울님과 합일合一을 이루고자 하는 수행이 곧 천도교의 수련이 된다. 즉 천인합일天人合一을 이루어 한울님의 덕을 체득하고, 그러므로 바른 마음과 기운을 몸소 체험하고 실천하고자 하는 것이 곧 천도교의 종교적 수행이다.

천도교의 주문에는 강령주문降靈呪文으로 "지기금지원위대강至氣今至願爲大降(지극한 한울님의 기운과 융화일체融和一體 되기를 원합니다.)"의 8자와 본주문本呪文으로 "시천주조화정영세불망만사지侍天主造化定永世不忘萬事知(한울님 모셨음을 깨달아 한울님의 도道와 덕德을 이루어 영원히 잊지 않아 한울님의 지혜를 얻고자 합니다.)"의 13자가 있다. 강령주문이란 한울님의 기운과 내 기운이 서로 융화일체融化一體가 되고자 하는 주문이고, 본주문은 천인합일의 경지에 이르러 한울님의 무궁한 가르침을 받고, 나아가 한울님의 덕德에 이르러 한울 사람으로 살아가고자 하는 주문이다.

이와 같은 강령주문과 본주문을 합하여 천도교에서는 통상적으로 '주문'이라고 부른다. 따라서 천도교의 주문은 모두 '21자'가 된다. 이 21자 주문에 대해서는 《동경대전》〈논학문〉 중에 수운대신사 스스로 해의한 것이 있다. 그런가 하면, 이 21자의 주문 속에는 수운대신사의 가르침, 곧 천도교의 모든 교의敎義가 함축적으로 담겨져 있다. 이와 같은 면에서 본다면, 주문 21자는 천도교 교리의 가장 중요한 핵심이 되는 것이라고 하겠다. 주문을 반복적으로 읽

으며 종교적인 수행을 하는 것을 천도교에서는 '수련修煉', 곧 '수도
修道 연성煉性'이라고 한다.

이러한 수행방법과 함께 천도교에는 그 종교적인 행위로 '심고
心告'라는 것이 있다. 이 심고는 다름 아닌 한울님에게 기원祈願하
고 서원誓願하는 '신앙의 방법'이 된다. 해월신사의 법설인 〈내수도
문內修道文〉에 의하면, 천도교인은 모든 행동 하나하나에 심고를 드
리도록 되어 있다. 즉 잘 때 "잡니다." 하고 마음으로 고告하고, 일
어날 때 "일어납니다." 하고 마음으로 고하고, 물 길어 간다거나
방아 찧으러 간다거나 하는 모든 일상적인 행동을 시작할 때와 끝
마쳤을 때에 이와 같이 고해야 한다고 되어 있다. 그런가 하면 모
든 종교적 의식儀式이나 행사 때에도 이 심고로써 그 시작을 하고
또 그 끝을 맺는다. 이렇듯 천도교인은 모든 일의 시작과 끝을 내
가 모신 한울님께 고하므로, 한울님과 함께 모든 일을 시작하고
끝내고 있는 것이다.

또한 앞에서 오관을 설명할 때 말한 바와 같이, 모든 천도교인
은 오후 9시에 청수淸水를 받들어 놓고 기도식祈禱式을 봉행하는 종
교의식을 갖는다. 이 기도식 역시 경배敬拜의 대상인 한울님께 기
원祈願과 서원誓願을 드리는 의식이 된다. 또한 매일 드리는 하오
9시 기도식 이외에, 특별한 목적과 서원을 정해놓고 일정 기간 기
도를 행하는 의식이 있는데 이를 '특별기도'라고 부른다.

이와 같은 기도와 심고는 주문과 함께 천도교의 중요한 종교적
행위라고 하겠다. 주문이 종교적인 수행을 행하기 위한 방법이 된

다면, 기도와 심고는 기원과 서원을 담은 신앙체계라 할 수 있다. 즉 천도교는 바로 이와 같이 주문과 심고, 기도라는 방법 등을 통하여 '수행과 신앙'이라는 두 가지의 종교적 행위를 모두 겸하고 있는 종교이다.

이러한 주문과 심고·기도를 통한 종교적인 행위를 수행하는 한편, 천도교에서는 그 실천 방법으로 성誠·경敬·신信을 강조하고 있다. 성·경·신에 관하여서는 수운대신사가 경전 곳곳에 말씀을 해놓았지만, 특히 《동경대전》〈좌잠座箴〉에 명기하고 있다.

"우리 도는 넓고도 간략하나, 많은 말로 그 뜻을 말할 필요가 없다. 다른 도리가 있는 것이 아니라 성誠·경敬·신信 세 글자에 있다."

즉 한울님에 대한 확고한 '믿음[信]'과 이 믿음을 통하여 끊이지 않고 '정성[誠]'을 드리고, 그러므로 우러나게 되는 '공경[敬]'을 생활 속에서 늘 실천해야 한다는 것이다. 이러한 삶이 곧 천도교의 종교적 수행이며 또 신앙이기도 하다.

그런가 하면, 일상적 삶 속에서 성·경·신을 통하여 생활을 하며, 주문을 통한 수련과 심고, 또한 기도를 통하여 수행과 신앙생활을 해나감으로써 천도교인은 한울님으로부터 품부받은 그 마음을 회복하고, 그 회복한 마음을 지키는 '수심守心의 경지'와 한울님의 지극한 기운과 융화일체를 이룬 기운을 올바르게 실천하는 '정기正氣'를 행하게 된다는 것이다. 이를 천도교에서는 곧 '수심정기 守心正氣'라고 부른다.

이와 같이 주문과 심고, 기도를 통하여 생활 속에서 성·경·신을 실천하고, 나아가 수심정기를 통하여 잃어버린 본성을 회복함으로써 종교적으로 깊은 경지에 이르게 되는 것이다. 나아가 종교적 깊은 경지 속에서 잃어버린 본성을 다시 회복하고, 이 본성에의 회복을 통하여 우주적 섭리에 합일할 수 있는 올바른 삶을 살아가고자 하는 데에 바로 천도교 '수행과 신앙'의 궁극적인 목적이 있는 것이다.

6. 경전과 법설의 성립

천도교에는 '경전'과 '법설'을 구분한다. 수운대신사가 남긴 글들을 경전이라고 하고, 해월신사와 의암성사가 남긴 글들을 각기 '해월신사법설', '의암성사법설'이라고 부른다.

수운대신사가 자신의 가르침을 펴기 위하여 쓴 글들을 수운대신사가 조선 조정에 의하여 순도殉道를 한 이후, 해월신사가 모아 두 권의 경전으로 편찬하고 목판으로 인쇄하여 간행하였다. 먼저 1880년 강원도 인제군 갑둔리라는 산간 마을에 있는 김현수金顯洙라는 제자의 집에 간행소를 마련하고 수운대신사가 쓴 글들 중 한문으로 된 기록들을 모아 한 권의 책으로 내고, 이를《동경대전東

經大全》이라는 표지를 붙였다. 또 수운대신사의 글들 중에 가사歌詞의 형식으로 된 한글 가사 여덟 편을 모아 1881년 충청도 단양군 샘골에 있는 여규덕呂奎德이라는 제자의 집에 간행소를 마련하고 목판으로 인쇄하여 한 권의 책으로 냈다. 이가 바로 《용담유사龍潭遺詞》이다.

이후 《동경대전》과 《용담유사》를 짧게는 3개월 만에, 길게는 5년 만에 목천, 경주 등지에서 간행을 하였다. 이렇듯 해월신사에 의하여 간행이 된 두 권의 경전이 천도교의 경전으로 오늘까지 전하고 있다.

이 두 종류의 경전은 그 표기가 서로 다르다. 《동경대전》은 한문으로 되어 있고, 《용담유사》는 한글로 되어 있다. 수운대신사가 자신의 가르침인 동학의 경전을 《동경대전》이라는 한문본 경전과 《용담유사》라는 한글 가사체의 경전으로 나누어 쓴 것은, 그 시사하는 바가 매우 크다고 하겠다.

우리가 잘 아는 바와 같이 당시 사회의 언어체계는 이중적으로 되어 있어, 일반에서 통용되는 언어, 즉 구어체口語體의 언어와 지식이나 사상을 전달하는 매체로서의 언어, 곧 문장에 의한 언어인 문어체文語體가 완연하게 구분되어 있던 때이다. 그런가 하면, 이를 향유하는 그 계층도 서로 달라서, 상층 계층인 양반들에 의하여 문자는 점유되었고, 일반 대중과 아녀자들은 문자를 향유하지 못했었음이 당시의 현실이기도 하였다.

이는 곧 문자를 향유하느냐 못하느냐의 문제가 곧 반상班常, 남녀男女, 노소老少라는 그 신분 계급을 나타내는 척도가 되고 있다는 이야기이기도 하다. 그러므로 지식의 전달이나 사상을 고취시키는 교육은 양반 등 당시 우위를 점하고 있는 계층에게만 허여되었던 일이지, 일반 대중은 꿈도 꾸지 못하던 일이었다. 즉 언어에 의하여 그 사람의 신분이 결정되던 시대였다고 말을 해도 결코 과언이 아니었다.

이와 같은 시대에, 수운대신사가 한문으로 된 《동경대전》을 저술하였다는 것은, 당시의 시대적인 상황으로 보아, 논리적인 지식의 전달과 사상의 체계화를 위해서는 당연한 일이었다. 우리가 잘 아는 바와 같이 당시의 모든 교육체계는 한문 위주의 텍스트에 의하여 그 교육이 이루어졌었고, 수운대신사 역시 아버지인 근암공近庵公으로부터 어려서부터 한문 교육을 받았으며, 당시의 모든 지식인층의 인사들 모두 한문으로 된 텍스트를 중심으로 교육을 받았다. 그러므로 당시 사회적인 지식의 소통이나 사상의 형성을 위한 경로는 '한문'이라는 문자 이외에는 없었을 것으로 판단된다. 따라서 수운대신사가 자신의 사상을 체계화하고 또 이를 논리화하기 위하여서는 필연적으로 한문이라는 문자 체계를 빌릴 수밖에 없는, 그 당위성이 여기에는 있는 것이다.

이와 같은 한문본 《동경대전》에 비하여, 《용담유사》는 우리가 잘 알고 있는 바와 같이, 한글본 가사歌辭 문학작품이다. '가사'는 곧 율문律文 형식의 시가 작품이다. 이러한 시가 작품에 있어 가장 중요한 것은 '언어'에 대한 자각이 된다. 즉 언어가 지닌 개념인 전

달의 기능보다는 언어가 지닌 표현의 기능, 곧 어떠한 의미나 의사의 전달이라는 일상 언어의 측면이 아니라, 언어가 지니고 있는 느낌이나 감각을 통해 표현하고자 하는 기능이, 이에는 무엇보다 중요한 것이라고 하겠다.

《용담유사》는 바로 이와 같이 언어의 표현적 기능을 중시해야 하는 '시가' 작품이다. 그러므로 한문이라는 중국식의 통사구조統辭構造를 지니고 있는 문장에서, 한국인이 느끼지 못하는, 모국어로서의 느낌과 감각, 나아가 이가 지닌 정서는 무엇보다도 필요하고 또 중요했던 것이라고 하겠다. 그러므로 수운대신사는 이러한 《용담유사》라는 시가의 표현을 위하여 한문의 문장이 아닌, 한글로 표기되어야 하는 가사문학의 형식을 택하게 된 것으로 생각된다. 또한 수운대신사는 시가라는 양식이 얼마나 민족적인 예술 양식인가 하는 점을 확연히 깨닫고, 바로 그 민족의 감정과 정서가 가장 잘 드러나는 예술 양식이 시가라는 사실을 누구보다도 잘 알고 있었던 사람이었다고 하겠다. 즉 시가의 특성상, 당시 한문으로는 우리 민족의 올바른 감정과 정서를 표현할 수 있으리라고 보기에는 힘이 들었기 때문인 것이다. 그러므로 일정한 계층인 당시 양반 계층에서만 사용되던 언어인 한문의 문장이 아니라, 일반 대중을 포함한 당시의 모든 계층에서 자유롭게 쓰이고 있던 '한글'로 된 가사의 형식을 그 매체로 수운대신사는 택하게 된 것이라고 하겠다.

이러한 경전의 발간 이후, 해월신사와 의암성사가 제자들을 가르치기 위하여 남긴 말씀과 글들을 모아서 만든 책이 법설들이다. 경전은 수운대신사라는 성인의 가르침을 담은 글이라면, 이 성인의 가르침을 근거로 하여 보다 실질적이고 또 구체적으로 그 가르침을 펼쳐나간 것이 바로 법설들이다.

이들 해월신사와 의암성사의 가르침을 담은 법설들을 각기《해월신사법설》,《의암성사법설》이라고 부른다. 이와 같이 천도교에는 두 권의 경전과 두 편의 법설이 있다.

끝으로 천도교의 현황 및 조직체계를 살펴보면 다음과 같다.

천도교의 대표기관은 천도교중앙총부이다. 천도교는 중의제衆議制에 의한 민주적 중앙집권체제를 기본으로 하고 있다. 중앙총부의 체제는 이원조직으로 구성되어 있는데, 하나는 교령사敎領司·현기사玄機司·종무원宗務院·종의원宗議院·감사원監査院 등의 기관을 중심으로 하는 교화행정기구와 또 하나는 정신지도기구인 연원회淵源會라는 속인제屬人制 조직이 있다.

중앙총부의 최고 결의기관은 3년에 한 번씩 개최되는 전국대의원대회이다. 여기서 교단의 대표인 교령을 비롯해서 감사원장 등 주요 교직자를 선출하며, 교령이 지명한 종무원장을 인준한다. 중앙총부 산하에는 각 지방에 교구敎區 및 전교실傳敎室이 있어 교구장을 중심으로 교인들의 교화 및 포덕布德을 담당한다. 또한 시일侍日(일요일)에는 교구별로 교인들이 교당에 모여 시일식侍日式, 즉 정기적인 종교집회를 거행하며, 그 밖에 교인들의 수련 및 수행을 위한 수도원이 전국 곳곳에 있다.

연원회는 도정道正 및 도훈道訓으로 구성되며, 연원회의에서 의장단을 선출하고 예우직인 종법사宗法師와 선도사宣道師를 추대한다.

부문 단체로는 청년회·여성회·종학대학원·동학민족통일회 등이 있고, 출판기관 신인간사新人間社에서 월간지《신인간》과《천도교월보》를 발행하고 있다. 그리고 중앙총부와는 별도로 재단법인 천도교유지재단이 있다.

경주에는 천도교의 발상지인 용담성지龍潭聖地가 있으며, 제1세 교조 수운대신사 최제우 선생의 생가 유허지遺墟地에 최근에 들어 경주시에서 생가를 복원하였다. 그리고 전국 각처에는 교조의 유적과 동학혁명 등 천도교의 사적지가 산재해 있다.

7. 천도교의 발자취

천도교의 발자취를 수운대신사, 해월신사, 의암성사, 춘암상사 등, 천도교의 스승들의 정신과 행적을 통해 이야기하고자 한다.

1) 수운대신사와 창도唱道 정신

동학을 창도한 수운대신사水雲大神師의 이름은 최제우崔濟愚이다. 포덕布德 전前 36년(1824) 10월 28일 오늘의 경주시慶州市 현곡면見谷面 가정리稼亭里에서, 산림처사山林處士로 영남嶺南 일대에 그 문명

文名이 높은 가난한 선비 최옥崔쭉과 재가녀再嫁女인 한씨韓氏 부인 사이에서 태어났다. 가난한 집안과 재가녀의 아들이라는 출신 성분 등으로 불우한 어린 시절을 보낸 대신사는 일찍이 어지러운 세상을 구하고자 하는 높은 뜻을 지니고, 세상의 많은 가르침을 얻고자 천하를 돌아다녔다. 이러한 대신사의 젊은 날의 행적은

주유팔로周遊八路

곧 구도求道를 위한 것이었다. 또한 이러한 대신사의 행각을 천도교에서는 '주유팔로周遊八路'라고 부른다.

주유팔로를 통하여 세상의 많은 가르침과 만나보았지만, 궁극적으로 이러한 기존의 가르침들은 세상의 어지러움을 구할 수 있는 진정한 도道가 아니라는 사실을 알게 되었다. 실의와 낙망 속에서 세월을 보내던 이 무렵에 대신사는 신비한 체험을 하게 된다. 대신사가 자신의 처가妻家 동네인 울산蔚山에 머물고 있던 어느 봄날이었다. 세상의 어지러움을 근심하며 울산 인근의 여시바윗골에 있는 정자를 찾아 소일을 하던 중 어느 신비한 이인異人을 만나 천서天書를 받게 되었던 것이다.

오늘 그 천서의 내용은 전하고 있지 않지만, 이 안에는 '하늘에 기도를 하라.[祈天]'는 내용이 담겨져 있었다고 한다. 즉 세상을 구할 도를 밖에서 구할 것이 아니라, 기도를 통하여 하늘로부터, 나아가 안에서 구하라는 그러한 가르침으로 이해가 된다. 이후 대신사의 수행방법은 세상을 떠돌며 가르침을 구하던 행각을 그치고 하늘에 기도하는 수행으로 바뀌게 된다. 이와 같은 일련의 사실을 천도교에서는 '을묘천서乙卯天書'라고 부른다. 즉 을묘년(1855)에 하늘에서부터 천서를 받았다는 의미이다.

이후 대신사는 양산 천성산千聖山 내원암內院庵, 또는 적멸굴寂滅窟 등지에서 수행을 하였고, 마침 내에는 고향인 경주 현곡면 구미산龜尾山에 위치한 용담정龍潭亭에서 한울님으로부터 무극대도無極大道를 받게 되는 결정적인 종교체험을 하게 된다. 또한 이를 통하여 대신사는 한울님으로부터 세상 사람들을 구한다는 '영부靈符'와 세상의 사람들을 가르칠 '주문呪文'을 받기도 한다.

이때가 포덕 원년(1860)인 경신년 4월 5일이다. 따라서 천도교에서는 이날을 천도교 원년元年으로 삼아 '천일기념일天日紀念日'로 기리고 있다. 기존의 모든 종교들은 창도자의 탄생일을 기준 삼아 그 종교의 기원으로 삼고 있는 데 비하여, 천도교는 대신사가 득도得道를 한 그날을 기준 삼아 가장 큰 기념일로 삼고 있음이 독특하다고 하겠다.

대신사는 득도를 한 이후, 거의 1년에 가까운 기간을 수행과 수련으로 시간을 보낸다. 이러한 수행 기간을 거친 후 포덕 2년(1861)

신유년 6월에 이르러 비로소 세상 사람들을 향하여 포덕布德을 시작하였다. 양반도 천민도 없이 모든 사람은 한울님을 모시고 있으므로, 세상의 모든 사람은 근원적으로 모두 평등하다는 시천주侍天主의 새로운 가르침은 당시 새로운 삶의 질서를 꿈꾸는 세상의 많은 사람들로부터 적극적인 호응을 받게 된다. 그래서 대신사가 머무는 경주 용담정에는 연일 도에 들기를 청하는 사람들이 찾아와 북적이게 되었다.

이와 같은 포덕과 세상 사람들의 많은 관심으로 인하여 대신사는 경상도 인근의 유생儒生들의 지목指目과 관청의 탄압을 받게 되고, 포덕 2년(1861) 11월에는 마침내 용담을 떠나 전라도 남원南原 교룡산성蛟龍山城 안에 있는 작은 암자 은적암隱跡庵으로 피신하여 한겨울을 보내게 되었다. 이곳 은적암에서 대신사는 동학의 중요 경전인 〈논학문論學文〉·〈권학가勸學歌〉·〈도수사道修詞〉 등을 저술하게 된다.

한겨울을 보내고 다시 경주 용담으로 돌아왔으나, 지속되는 관의 탄압과 함께 포덕 4년(1863) 12월 10일 마침내 조선 조정에서 파견한 선전관宣傳官 정운구鄭雲龜 일행에 체포되어 대구 감영에 수감되었다가, 포덕 5년(1864) 3월 10일 대구 장대將臺에서 좌도난정左道亂正의 죄명을 쓰고 참형을 당하였다. 대신사는 도를 지키기 위하여 순순히 체포의 오라를 받은 것이요, 천명天命을 지키기 위하여 참형의 형장으로 스스로 올라가 41세의 나이로 순도殉道하였던 것이다.

이와 같이 대신사는 당시 무너지고 있던 조선의 봉건 질서와 동양을 침범하던 서양의 근대적 질서를 동시에 비판하며, 이에 대응할 수 있는 새로운 신념체계信念體系로서의 동학을 창도하였다. 대신사에 의하여 창도된 동학은 안으로는 붕괴되고 있는 질서와 밖으로부터 조여 오는 외세外勢의 침략에 의한 억압을 매우 주체적으로 극복하고 새로운 질서 체계를 이룩하려고 했던, 우리의 역사 속에 자리하고 있는 '자생적自生的 근대'의 한 모습이기도 하였다.

그러나 이와 같은 동학은 창도와 아울러 안으로는 조선의 봉건적인 질서와 충돌하게 되었고, 밖으로는 서구의 침략과도 충돌하는 매우 지난至難한 고통의 길을 걷게 되었다. 이렇듯 고난의 길을 걷던 동학은 한때 조선 사회가 지니고 있던 봉건성과 서구 열강列強의 침략이라는 탄압과 무력에 의하여 수많은 동학교도들이 순도殉道를 하게 되었고, 한때 붕괴의 위기까지 맞이하기도 한다. 따라서 이러한 동학이 지닌 자생적 근대에의 열망을 받아들이지 못한 조선 사회, 나아가 동양 사회는 더욱 가중되는 혼란과 붕괴를 맞이하게 되었으며, 나아가 서구 열강에 의하여 오랫동안 침탈을 당하는 뼈아픈 대가를 치르기도 했던 것이다.

이러한 시대적 혼란과 위기는 한 세기 이상의 시간이 지난 오늘에도 마찬가지로 나타나고 있다. 즉 19세기 이후 새로운 모더니티로 제기되었던 양대 이념인 사회주의 체제도 무너졌고, 또한 자본주의 역시 그 한계를 드러내고 있으므로, 진정 살아갈 바의 올바른 향방을 제시하지 못하고 있음이 오늘의 현실이기도 하다. 따라서 양식 있는 동서양의 많은 사상가들은 이러한 오늘의 시대적 현상에 대응할 수 있는 새로운 대안을 모색하고자 노력을 기울이고 있음을 볼 수 있다. 그러나 대신사는 이미 150여 년 전, 이러한 '위기와 절망'을 매우 선지적先知的으로 예감하고, 이에 대안이 될 수 있는 동학을 창도하였던 것이다.

대신사는 먼저 인류의 역사를 '우주적인 관점'에서 바라보고, 이 인류의 역사를 '선천先天'과 '후천後天'으로 나누고 있다. 나아가 우주적인 순환사循環史의 관점에서 인류는 이제 막 선천先天의 마지막 시대에 서 있음을 설파하였다. 그래서 인류는 선천의 마지막 징후인 혼란과 타락에 빠져 있으며, 이는 곧 후천後天의 새로운 시대를 열어가야 하는 필연적인 모습임을 천명하기에 이른다. 즉 당시 19세기 중엽이라는 문란한 조선의 사회 모습을 대신사는 선천의 마지막 징후로 인식하였던 것이다. 그런가 하면, 대신사는 이와 같은 징후가 비단 조선의 문제만이 아니라, 모든 인류가 공동으로 겪고 있는 현상임을 갈파하기도 한다. 그러므로 이와 같은 선천의 시대를 보내고 새로운 후천의 시대를 인류가 매우 주체적으로 맞이하기 위해서는, 가장 먼저 당시 사회에 팽배되어 있던 '각자위심各自爲心'이라는 세상 사람들의 타락한 심성心性을 '한울님 마음'으로 '개벽開闢'할 것을 세상 사람들에게 강조하였던 것이다.

오늘 우리가 살고 있는 21세기는 어느 의미에서 대신사가 지적한 그 각자위심이 어느 때보다도 극심하게 팽배되어 있는 시대이

다. 따라서 오늘이라는 이 시대는 사회적으로, 이념적으로 또 정신
적으로 지극한 혼란을 겪고 있고, 그러므로 대신사가 주창主唱한
'다시 개벽'이 그 어느 때보다도 더욱 절실하게 요구되고 있는 시
대임에 틀림없다. 이와 같은 관점으로 보아 대신사의 가르침은 다
만 '지난 우리의 역사 속'에 있었던 그러한 가르침이 아니라, 오늘
을 사는 우리 모두가 귀 기울여야 할, 무엇보다도 필요하고 또 절
실한 가르침이 아닐 수 없는 것이다.

　이렇듯 후천개벽後天開闢이라는 새로운 가르침을 편 대신사를 천
도교에서는 1세 교조敎祖라고 부른다.

2) 해월신사와 은도시대隱道時代

　해월신사海月神師의 처음 이름은 최경상崔慶翔이다. 그러나 훗날
해월신사 스스로 펼친 법설인 '용시용활用時用活', 곧 '살아 있는 도
道란 그때에 따라 생활 속에서 훌륭하게 적용되고 또 활용되어야
한다.'는 자신의 가르침을 강조하기 위하여 이름을 스스로 '시형時
亨'으로 고쳤다.

　해월신사는 매우 미천하고 빈한한 계층의 사람이었다. 조선이
척신戚臣에 의하여 정치적·사회적·경제적인 균형이 깨지고, 그러
므로 인심이 나날이 험악해지며, 나아가 국운國運이 서서히 기울고
있던 19세기 초·중엽인 포덕 전 33년(1827) 3월 21일 경주 동촌東
村 황오리皇吾里라는 작은 마을에서 아버지 최종수崔宗秀와 어머니
월성月城 배씨裵氏 사이에서 태어났다. 아버지는 가난한 농사꾼으

로, 당시의 시대적인 상황으로 보아 대표적인 빈민 계층의 한 사람이기도 하다. 따라서 이와 같은 집안에서 태어난 해월신사 역시 그 출생에서부터 빈한한 계층의 사람으로 분류가 되고 있음은 당연한 이야기이다.

일찍이 부모를 여읜 해월신사는 남의 집 머슴살이에서 제지소製紙所 용인庸人, 또는 화전민火田民 등으로 살아가다가, 포덕 2년(1861) 대신사가 경주 용담에서 세상을 건질 새로운 도를 편다는 풍문을 듣고 용담으로 찾아가 대신사를 뵙고는 동학에 입도하였다. 동학에 입도한 해월신사는 낮에는 일하고 밤에는 대신사의 가르침에 따라 열심히 수련에 임하여 마침내는 천어天語를 듣는 깊은 경지에까지 이르게 된다.

이러한 해월신사의 정성과 마음 씀을 아는 대신사는 마침내 해월신사에게 포덕 4년(1863) 8월 14일 도통道統을 전수하게 된다. 이로써 해월신사는 대신사를 이어 동학의 2세 교주가 된다. 그러나 대신사가 체포되어 대구 장대에서 참형당한 후, 수제자首弟子인 해월신사를 잡으려는 관의 추적이 강화되자 이를 피하여 해월신사는 강원도, 경상도, 충청도의 깊고 깊은 태백산맥, 소백산맥으로 숨어들게 된다.

이곳 깊은 태백산맥과 소백산맥 등에서 해월신사는 36년간을 숨어 지내며 관의 추적을 피해 50여 곳을 전전하며 살아가게 된다. 그러나 해월신사는 다만 숨어서만 지낸 것이 아니라 흩어진 동학의 교도들을 다시 모아들이고, 또 교단을 정비하여 그 교세

를 넓혀가는 한편 스승인 대신사로부터 받은 도道에 정진하여 동
학의 명실상부한 지도자로 부상하게 된다. 이와 같은 시기를 천
도교에서는 '숨어서 도를 펴던 시대', 곧 은도시대隱道時代라고 부
른다.

　깊고 깊은 산간벽지 영양英陽 용화동龍化洞에 숨어 지내던 포덕
12년(1871)에는 이필제李弼濟와 더불어 영해寧海에서 대신사의 신
원伸冤을 위한 교조신원운동敎祖伸冤運動을 펼쳤으나 실패하여 다시
금 더 깊은 태백산 속으로 피하여 살아가기도 한다. 그러나 이러
한 산속에서의 생활임에도 불구하고 해월신사는 잠시도 수련을
게을리하지 않았으며, 동학도들에게 바른 수련을 하도록 지도를
하는 한편, 포덕 21년(1880)과 22년에는 스승인 대신사가 남겨놓
은 경전을 모아 《동경대전東經大全》과 《용담유사龍潭遺詞》를 목판으
로 인쇄하여 간행하였다.

　이러한 해월신사의 노력은 관의 탄압과 추적이라는 악조건 속
에서도 수십만 명의 교도를 규합하였고, 마침내는 동학의 교세를
전국적으로 확산시키는 데 결정적으로 공헌했던 것이다.

　이후 해월신사는 동학의 조직을 보다 체계적으로 공고히 하기
위하여 접接 제도를 부활하고, 이어 포包 제도를 만들어 전국의 동
학 교도를 조직적으로 관장하고 운영할 수 있는 바탕을 마련하였
다. 바로 이러한 체계적인 제도를 통하여 해월신사는 공주公州, 삼
례參禮, 광화문光化門, 보은報恩 등지에서 대대적으로 교조신원운동
을 펴기도 한다. 이들 교조신원운동은 우리나라에 있어 최초로 민

의民意를 집결시킨 대규모 시위였으며, 지금까지 숨어서만 지내던 동학 교단의 사회와 정부에 대한 대규모 집회이기도 한 것이었다.

교조신원운동

또한 이러한 교조신원운동은 당시 우리나라를 위협하는 외국 세력에 대해 척양척왜斥洋斥倭라는 반외세反外勢 운동으로 발전하게 되었고, 이는 이내 갑오동학혁명으로 이어지게 되었다. 그러므로 해월신사는 포덕 35년(1894) 갑오동학혁명을 주도하여, 새로운 개벽의 시대를 열어가고자 당시 부패한 조선, 또는 침략을 앞세우는 일본과의 항쟁을 전개하기도 하였다. 그러나 신식 무기를 앞세운 일본군에 패하여 도피 생활을 하다가, 포덕 39년(1898) 추격하는 관군에 의하여 체포되어, 스승인 대신사와 마찬가지로 형장刑場에서 순도殉道하였으니 향년 72세였다.

해월신사는 험난한 시대적 여건에 조금도 굴하지 않고 일관된

정성과 피나는 노력으로 도道를 생활 속에서 실천하였을 뿐만 아
니라 위기의 교단을 일으켜 세워 천도교단을 이끌어 나가신, 실천
을 몸으로 보여준 선각자였다.

3) 의암성사와 현도시대顯道時代

의암성사義菴聖師의 이름
은 손병희孫秉熙이다. 의암
성사는 포덕 2년(1861) 충
청도에서 태어났다. 호방한
젊은 날을 보내던 의암성
사는 동학이 보국안민輔國安
民과 새로운 세상인 지상천
국을 건설하는 커다란 종교
적인 목적을 지닌 도라는 말
을 듣고는 포덕 23년(1882)
에 입도하였다.

의암성사 손병희와 춘암상사 박인호

동학에 입도한 이후 호방했던 일상생활을 일시에 청산하고, 전
도인傳道人으로부터 받은 주문 21자를 매일 3만 독讀씩 읽고 외우
며 지극한 수련에 임하였다. 또한 이와 같이 주문을 읽는 틈틈이
매일같이 짚신을 두 켤레씩을 삼았으며, 이 짚신을 한 달에 여섯
번 5일 만에 열리는 청주 장場에 나가 팔았다. 이와 같은 생활을
3년간이나 시행해왔다고 한다. 즉 주문을 통한 수련으로 일관된

생활을 해나갔던 것이다.

이후 의암성사는 해월신사를 모시고 공주公州 가섭사伽葉寺, 익산益山 사자암獅子庵, 그리고 풍천楓川 용문사龍門寺 등에 들어가 독공篤工 수련을 하게 된다. 이와 같은 의암성사의 지극한 종교적인 수행이 훗날 그 많은 업적을 이루게 하였던 원동력이 되었던 것이다.

동학혁명 당시 의암성사는 동학군의 통령統領으로 진두지휘를 하며 활약하기도 하였다. 이후 해월신사를 모시고 관의 추적을 피해 원주原州, 여주驪州 등지를 전전하게 된다. 37세가 되던 포덕 38년(1897) 12월 24일 해월신사로부터 도통道統을 전수받고 천도교의 3세 교주가 되었다.

종통을 이어받은 의암성사는 교단을 재수습하는 한편 세계정세를 살피기 위하여 해외로 떠나던 중, 일본에 머물면서 여러 지사志士들과 국사를 의논하고 또 교인 수습책을 강구하였다. 이러한 과정에서 의암성사는 인재 양성의 중요성을 깊이 절감하고 교인 청년 중 우수한 인재를 뽑아 일본에 유학을 시키는 등 꾸준하게 재기를 위한 준비를 하였다.

포덕 45년(1904)에 러일전쟁이 발발할 기미가 보이자 국내 동지들에게 지시하여 진보회進步會를 조직, 교인들을 규합시키는 한편, 이해 8월에 전국의 회원으로 하여금 일제히 머리를 깎고 옷을 간편하게 하는, 단발흑의斷髮黑衣 운동을 펼치는 등 신문화운동을 일으키는 동시에 기우는 국운國運을 혁신하고자 노력하였다.

이후 포덕 46년(1905) 12월 1일 동학을 천도교라는 이름으로 온

천하에 선포하였다. 따라서 동학은 은도隱道의 시대를 벗어나 현도
顯道의 시대를 맞이하게 된다. 의암성사는 포덕 47년(1906) 1월 귀
국하여 천도교 중앙총부를 서울에 설치하고, 또 각 군에 교구를
설치하여 근대적 종교체계를 갖추는 한편, 진보회를 일진회一進會
로 규합하여 친일 행각을 벌인 이용구李容九 등 60여 명의 친일 간
부 교인들을 출교 처분하고 새로운 출발을 시작하였다.

그러나 포덕 51년(1910) 일제의 강점으로 우리나라는 일제로부
터 치욕적인 통치를 당하게 된다. 이처럼 나라를 잃은 슬픔 속에
서 의암성사는 우이동에 봉황각鳳凰閣을 짓고 천도교의 전국 교역
자들로 하여금 이곳에서 일곱 번에 걸쳐 이신환성以身換性의 법설
과 함께 49일 수련을 실시하여 신앙통일, 규모일치를 강조하였다.
이러한 수련은 곧 정신력의 단결과 조직의 강화를 기하기 위한 것
으로써, 뒷날 일어나게 되는 3·1 독립운동의 중요한 원동력이 되
기도 했던 것이다. 즉 의암성사는 이미 10년 가까운 기간을 3·1
독립운동을 위하여 그 준비를 해왔던 것이다.

그리하여 포덕 60년(1919) 1월 5일을 기하여 전국의 교인들에
게 일제히 49일 특별기도를 명하여 3·1 독립운동을 하기 위한 정
신무장을 시킨 후 3월 1일 거족적인 3·1 독립만세 운동을 주도하
였던 것이다.

3·1 독립운동의 영도자로 일제에 의하여 구금된 의암성사는
옥중에서 고문으로 병환을 얻게 되어 이후 병보석으로 출감하였
으나, 그 병세가 악화되어 포덕 63년(1922) 상춘원常春園에서 환원

還元하였다. 즉 수운대신사나 해월신사와 마찬가지로 의암성사 역시 억압받는 민중과 민족을 위하여 혼신의 정성과 힘을 다하다가 부당한 힘에 의하여 장엄하게 순도殉道하였던 것이다. 향년 62세였다.

4) 춘암상사와 문화운동시대

춘암상사春菴上師의 이름은 박인호朴寅浩이다. 포덕 전 5년(1855) 2월 1일 충남 덕산군德山郡 장촌면場村面 막동리幕洞里에서 태어났다. 성품이 순박하며 원만한 춘암상사는 29세가 되던 포덕 24년(1883)에 동학에 입도하였다. 동학에 입도한 이후 10년간 밤낮으로 의관을 벗지 않고 생선, 고기, 술, 담배 등을 끊고는 정성으로 수련하는 것으로 일과를 삼았다. 잠이 깊이 들까 염려하여 낫자루를 베고 잠시 눈을 붙였다가는 깨어서 주문을 외웠다는 일화가 전하고 있다.

해월신사의 지도를 받아 공주公州 가섭사迦葉寺에 들어가 49일의 수련을 하는 등 장차 지도자로서의 소양을 쌓았다. 동학혁명 당시에는 덕의대접주德義大接主로 충청도 일대의 동학군을 통솔하여 참가하였다.

그 후 포덕 42년(1901)에는 경도주敬道主가 되었고, 교장敎長, 중앙총부 고문, 금융관장金融觀長, 경도사敬道師 등의 직책을 두루 지냈다. 포덕 48년(1907) 12월 10일 천도교의 차도주次道主가 되었다가 포덕 49년(1908) 1월 18일 대도주大道主의 종통宗統을 전수받아 천도교의 4세 대도주가 되었다.

춘암상사는 대도주가 된 이후 천도교 중앙총부의 지도체제를 새롭게 갖추고, 교세 확장에 온 힘을 기울였다. 그러나 포덕 51년 (1910), 우리나라는 일제로부터 강점을 당하는 아픔을 겪게 되었고, 이러한 아픔을 이겨내기 위하여 일제의 억압과 감시 속에서도 춘암상사는 의암성사의 뜻을 받들어 출판문화와 교육활동에 주력하였다.

특히 중앙총부 부설로 당시로서는 최신형 인쇄소를 설치하여 천도교가 문화운동을 주도해갈 수 있는 바탕을 마련하기도 한다. 또한 보성학교와 동덕여학교 등을 인수하여 경영하는가 하면, 사회 성인교육의 일환으로 전국에 800여 개의 교리강습소를 설치 운영하여 민족 교육에 앞장서게 된다.

춘암상사는 3·1 독립운동 당시 천도교의 중책을 수행하기 위하여 민족 대표에서는 빠졌지만, 48인의 한 사람으로 일경日警에 체포되어 옥고를 치르기도 하였다. 포덕 63년(1922) 의암성사가 환원하자, 교내의 모든 일을 중의衆議에 맡기고 정신적인 지도자로 남게 되었다.

그 후 일제가 만주를 침범하는 등 군국주의 통치가 심화되던 포덕 79년(1938), 지방의 교역자들을 불러 일제 패망을 기원하는 특별기도를 지시하였다. 이것이 곧 무인멸왜기도戊寅滅倭祈禱 운동이다.

그 후 춘암상사는 일제의 가혹한 탄압에 굴하지 않고 천도교를 지켜오다가, 포덕 81년(1840) 4월 3일 환원還元하였다. 향년 86세였다.

이후 천도교는 춘암상사의 환원과 함께 그간 논의되어 오던 중의제衆議制에 의하여 교령敎領을 선출하는 체제로 전환하여 3년마다 교령을 선출하여 천도교 교단의 행정적·정신적 지도자로 천도교를 대표하게 되었다. 이러한 제도가 오늘까지 이어지고 있어, 지금도 매 3년마다 교단의 대의원들이 모여 전국대회를 통하여 교령을 선출하고 교단의 모든 것을 위임하여 교단을 이끌어 나가고 있다.

제2장

궁극적 실재

궁을장弓乙章

1. 궁극적 실재의 명칭

1) 한울님·천주天主·상제上帝

천도교 경전에 표기된 신에 대한 명칭은 하늘님, 한울님, 천주天主, 상제上帝 등이다. 1880년부터 2세 교주 해월신사는 동학의 본격적으로 경전을 목판으로 인쇄하여 간행·보급하였다. 1880년 인제麟蹄 갑둔리甲遁里에서 간행한 《동경대전東經大全》과 1881년 단양丹陽 천동泉洞에서 간행한 《용담유사龍潭遺詞》가 바로 이것이다. 그러나 이들 판본들은 오늘날 찾아볼 수가 없고, 이보다 몇 년 후에 간행된 계미중춘癸未仲春(1883) 목천판, 계미중하癸未仲夏(1883) 계미중추癸未仲秋(1883) 경주판이 현존하는 가장 오래된 판본이다.

계미중추 경주판 《용담유사》에는 궁극적 실재의 명칭이 '흐늘님', 또는 '하늘님' 등으로 표기되어 있다. 계미판이 간행되던 19세기 중후반은 한글 표기가 일정한 체계를 갖추지 못했던 때였다. 그러므로 이렇게 혼용되었던 것으로 생각된다. 그러나 3세 교주인 의암성사가 1905년 동학을 천도교로 대고천하大告天下한 이후 간행한 《용담유사》에는 '한울님'으로 통일시켜 표기하고 있어, 오늘까지 천도교에서는 '한울님'으로 표기하여 사용한다.

'한울님'이라는 명칭에 관하여 이돈화가 《신인철학新人哲學》에서 《용담유사》〈흥비가興比歌〉 마지막 부분에 나오는 "무궁한 이 울

속에 무궁한 내 아닌가."의 '무궁한 울'이 곧 '한울'이라고 설명하고 있다. 즉 무궁하고 또 큰 울인 이 우주를 의미하는 '한울'에 존칭과 인격성을 지닌 '님'을 붙이므로 해서 '한울님'이라 부르게 되었다는 것이다.

이러한 '한울님'이라는 명칭 이외에 '천주天主', '상제上帝' 등의 용어들이 천도교의 경전에 보인다. 그러나 '천주'라는 말은 한문으로 표기된 경우에서만 볼 수가 있고, 《용담유사》와 같은 한글 가사에는 단 한 번도 쓰이지 않고 있다. 즉 순한문으로 표기된 '주문'에서 볼 수 있는 '시천주侍天主'와 같은 표기가 그 대표적인 예이다. 주문은 어쩔 수 없는 한문 표기에 따라야 했기 때문이다.

이와 같은 점으로 보아 천도교의 신神에 대한 표기는 순수 우리말 표기인 '한울님'이 된다. 한자 투 표기인 '천주'는 한문으로 번역해야 할 경우에만 한정하여 쓰였던 것이다.

'상제'라는 표기는 한문본이나 국한문 혼용본 모두에서 볼 수가 있다. 특히 《동경대전》 중에서도 보이고 있고, 《용담유사》에서도 볼 수가 있다. 그러나 이 '상제'라는 표기 역시 매우 제한적으로 쓰이고 있음을 알 수 있다. 《동경대전》과 《용담유사》 중에서 쓰인 예를 볼 것 같으면, 한울님 스스로 자신을 보다 잘 설명하기 위하여, 당시 민간에서 통상적으로 쓰이고 있는 '상제'라는 말을 들어 자신을 설명할 때에만 쓰였다. 또한 천도교의 신이 아닌, 일반적 대상으로서의 신을 지칭하는 말로 쓰였다. 이와 같은 면으로 보아 상제는 천도교의 신을 지칭하는 말이 아님을 알 수가 있다. 따라서 천도교의 신을 지칭하는 말로는 오직 '한울님' 하나뿐임을 알 수가 있다.

이러한 한울님은 이돈화가 지적한 바와 같이, '무궁한 이 울', 곧 우주적 존재를 의미하고 있다. 따라서 '지地'에 상대되는 '천天'이 아니라, 이 지地와 천天 모두를 포괄한다. 그러므로 천도교의 한울님은 인간의 머리 위에 높이 떠 있는 하늘이라는 초월적 공간에 있는 그런 존재가 아니다. 즉 천도교의 한울님은 수운대신사가 내놓은 '시천주侍天主'가 뜻하는 바와 같이 '내 안에 모셔져 있으며', 동시에 이 우주에 편만遍滿되어 있다. 이는 초월의 성격과 내재의 성격을 모두 갖춘 존재라는 의미이다. 그런가 하면, 이는 곧 그 자리도 없고 형상도 알 수 없지만, 언제 어디에서나 한울님이 작용하지 않는 곳이 없다는 의미와도 통한다.

따라서 천도교의 한울님 신관神觀은 종래의, 신이 어느 초월적 공간에 존재한다고 믿어왔던 초월적 유일신唯一神(monotheism)의 신관과 만물 속에 내재한다고 생각하고 있던 내재적 범신汎神(pantheism)의 신관을 동시에 극복한 것이라고 하겠다. 이러한 신관은 매우 초현대적인 것으로 일컫는바 현대 종교학에서는 '범재신汎在神(panentheism)'이라고도 부른다.

이러한 천도교의 신인 '한울님'은 초월적이면서 동시에 내재적이고, 인격적이면서 모든 존재의 근원이라는 반대일치反對一致의 묘합妙合을 보이고 있다. 나아가 한울님은 무궁한 절대자로서 만물을 화생化生하는 조화造化의 주재자이면서, 아직 인간의 역사창조에 뜻을 다 이루지 못하고 계속 인간을 통하여 새로운 창조와 진화를 거듭하고 있는 신이기도 하다. 따라서 한울님은 우주 만물을 낳으신 초월적인 존재이면서, 동시에 만물 속에 내재해 있으면서 무궁한 생성 변화와 그 조화를 주재하고 있는 존재이다. 이러한 한울님의 조화는 자연계와 모든 생명, 그리고 우주 만유의 끊임없는 생성 변화와 그 질서를 주재하는 지공무사至公無私하며 전지전능全知全能한 힘이기도 한 것이다. 또한 이 한울님의 조화란 무위이화無爲而化를 뜻하는 것으로, 어떤 다른 힘의 작위作爲에 의하여 되는 것이 아니라, 한울님의 섭리에 의한 것으로, 말하자면 타율적이 아닌 자율적 창조·진화를 의미하는 것이기도 하다. 즉 천도교의 한울님은 만유를 주재하며, 이 만유와 함께 끊임없는 변화와 생성을 지속하고 있는, 그러한 신이다.

2) 지기至氣

'지기至氣'는 천도교의 주문 중에 나오는 용어이다. 특히 강령주문降靈呪文인 "지기금지원위대강至氣今至願爲大降"의 부분에 나온다. 이 부분은 '지금 지기至氣가 이에 이르렀으니 원컨대 대강大降이 되게 해주십시오.'라고 해석될 수 있다. 즉 그 문맥으로 보아, '지기'란 곧 '대강'이 되게 하는 주체임을 알 수가 있다.

'대강'은 수운대신사의 해의에 의하면, '기화지원氣化之願'이라고 되어 있다. 따라서 이 강령주문을 다시 해석하면, '지극한 기운인 지기至氣와 함께 기화氣化, 곧 융화일체融化一體가 되기를 원합니다.'

라고 해석된다. 따라서 강령주문이란 곧 '나의 기운이 지기至氣와 융화일체가 되기를 기원하는 글'인 것이다.

그러면 천도교의 교도들이 자신의 기운과 융화일체가 되기를 기원하는 그 지기란 무엇인가? 천도교의 교도들이 주문을 읽는다는 것은 곧 한울님을 지극히 위하는 것으로, '한울님의 마음을 회복하고' 나아가 '한울님의 기운을 회복하는 수행'의 하나이다. 이와 같은 점으로 본다면, '지기'란 곧 '한울님의 기운'이라고 할 수가 있다.

또한 수운대신사는 이 지기에 관하여 "지기라는 것은 허령이 창창하고 간섭하지 않는 것이 없으며, 명命을 부여하지 없는 것이 없다. 그러나 형용이 있는 것 같으나 형상하기 어렵고, 들을 수 있는 것 같으나 보기가 어려우니, 이것 역시 혼원渾元함이 하나의 기운을 이룬 것이다.〔至氣者 虛靈蒼蒼 無事不涉 無事不命 然而如形而難狀 如聞而難見 是亦渾元之一氣也〕"라고 해의하고 있다.

즉 '지기'는 허령虛靈으로 창창히 이 우주에 가득 차 있으며, 만유萬有를 간섭하고 있으며, 또한 만유에 명命을 부여하는 것이 된다. 즉 지기란 우주적 원기元氣로서 만물의 생명력, 생성력의 근원이며 동시에 우주의 궁극적인 실재가 되는 것이다.

그러면 이 지기는 단순하게 한울님의 기운일 뿐인가? 그러면 이 지기라는 기운을 지닌 한울님은 어디 계신가? 이와 같은 물음에 '한울님은 이 지기를 통하여 실재하고 있다.'고 보는 것이 곧 수운대신사의 생각이라고 본다. 따라서 한울님은 이 지기를 통하여 이 우주에 편만遍滿되어 있으며 동시에 나의 안에도 모셔져 있는 것이다. 이와 같은 면에서 본다면, 지기는 다만 한울님의 기운만이 아니라, 바로 한울님의 존재양식이기도 한 것이다. 즉 지기와 한울님은 둘이면서 하나이고, 하나이면서 둘인 것이다.

3) 천지부모天地父母

천도교의 한울님은 수운대신사가 주문 해의에서 밝힌 바와 같이 '부'와 '모', 모두를 포괄하고 있다. 특히 '시천주'의 '주主'를 해의하는 자리에서, '주主라는 것은 존칭을 말하는 것이며 부모와 같이 섬기는 것'이라고 말하고 있다. 어느 한 성性이 아니라, 아버지와 어머니 모두를 구유한, 즉 양성兩性을 구유한 존재라는 뜻이다.

전통 유신론(Theism)에서 신은 물질에 대하여 정신을, 여성에 대하여 남성적 존재였다. 이와 같은 신의 모습은 가부장적 유산물로, 역사적으로 여성들에게 억압적인 것으로 작용해왔었다. 이와 같은 점에서 본다면, 천도교의 양성兩性 모두를 구유한 한울님이라는 신은 지금까지 인류를 지배해온 남성 편향의 폭력에서부터 벗어나는, 후천의 새로운 신이 아닐 수 없다. 그러므로 해월신사는 이 '한울님'을 '아버지'만도 아닌, 또 '어머니'만도 아닌, '천지부모天地父母'라는 이름으로 부르고 있음을 볼 수가 있다.

또한 한울님이라는 신은 바로 모든 만유의 근원이기 때문에 나를 낳아주신 부모님과 같다는 의미를 지닌다. 이와 같은 면에서도 천지부모라고 부르고 있다.

2. 한울님의 표상들

이 항목은 한울님에 관한 여러 유형의 표상들을 알려주고 있다.
여기서 구별해본 일곱 가지 유형의 주제는 무궁한 우주생성의
원인자이며 원리, 하나의 통일적 우주 기운으로서의 궁극적 실재,
스스로를 삼라만상으로 표현하는 한울님, 역동적인 생성·진화 과
정 자체인 한울님, 인간과 세계의 진화 속에서 목적을 향해 일하
는 주재자, 인간과 직접적으로 감응하는 인격적 한울님, 상대적 가
치를 초월한 비인격적 절대자로서의 궁극적 실재, 세계와 인간 안
에 내재하는 우주적 생명으로서의 한울님이다.

이 항목 이외의 다른 장에서도 한울님의 본성을 엿볼 수 있는
구절들이 여러 곳에서 보일 것이다.

1) 무형·무궁의 초월적 근원자

성품은 이치니 성리性理는 공공적적空空寂寂하여 가없고 양도 없
으며 움직임도 없고 고요함도 없는 원소일 뿐이요, 마음은 기운이
니 심기心氣는 원원충충圓圓充充하여 넓고 넓어 흘러 물결치며 움직
이고 고요하고 변하고 화하는 것이 때에 맞지 아니함이 없는 것이
니라. 이러므로 이 두 가지에 하나가 없으면 성품도 아니요 마음
도 아니니라.

《의암성사법설義菴聖師法說》〈무체법경 無體法經 성심신삼단性心身三端〉

"성품이란 것은 이름이니 이름은 만물이 있게 된 후에 처음으로 얻은 것이요, 처음이란 것은 태초 만물이 있던 때이니라. 능히 성품을 말하고 능히 처음을 말하는 것은 이는 영감靈感으로 생각한 것이요, 영감이 나타나는 것은 유체성有體性이라, 이 성품과 이 마음은 죽고 사는 것을 면치 못하나 처음도 없는 성품은 바로 무체성이니 나고 죽는 것이 있지 아니하여 진진여여眞眞如如한 것이니라."

"진성眞性이 이미 처음이 있기 전에 있었으니, 처음이 있은 뒤의 사람이 어떻게 능히 성품이 있음을 알 수 있습니까."

"없는 것으로써 없는 것을 보면 없는 것도 또한 있고, 없는 것으로써 있는 것을 보면 있는 것도 또한 없나니, 그 없고 있는 것을 정하여 비로소 무시유생無始有生이 있고 유시무멸有始無滅이 있나니,1) 진진여여眞眞如如하여 무루무증無漏無增이니라.2) 무루무증은 성품과 마음의 처음이라. 그러므로 본성의 인연 없이 생함이 있음을 알지니라." (중략)

"나는 또 어디서 났으며 성품은 어디서 왔겠습니까."

"한울의 입장에서 보면 나도 없고 성품도 없고, 사람의 입장에서 보면 나도 있고 성품도 있느니라. 나도 없고 성품도 없다고 보면 그 수명이 한량이 없고, 나도 있고 성품도 있다고 보면 그 수명이 반드시 짧아서 죽고 사는 것을 떠나지 못하느니라. 큰 수명은 죽고 사는 것도 없고, 선하고 악한 것도 없고, 움직이는 것도 없고,

---

1) 시작은 없지만 태어남은 있고 시작은 있지만 멸함은 없다.
2) 순수 청정한 궁극의 경지[眞眞如如]여서 빠지는 것도 없고 늘어나는 것도 없다.[無漏無增]

비고 고요함도 없고, 빛깔과 형상도 없고, 위도 아래도 없고, 예와 이제도 없고, 말과 글도 없는 것이니 형용하기도 어렵고 말하기도 어려운 것이니라." 　　　　　　　　　　《의암성사법설》〈후경後經〉

2) 우주 신령神靈인 지기至氣

"강령降靈의 글은 어찌하여 그렇게 됩니까?"

"'지至'라는 것은 지극한 것이요, '지기至氣'라는 것은 허령虛靈이 창창蒼蒼하여 일마다 섭리하지 않음이 없고 일마다 명命을 부여하지 않음이 없으나, 그러나 모양이 있는 것 같으나 형상하기 어렵고 들리는 듯하나 보기는 어려우니, 이것은 또한 혼원渾元함이 하나로 이룩된 기운이요." 　　　　　《동경대전東經大全》〈논학문論學文〉

우주는 한 기운의 나타남이요 일신一神의 하는 일이라, 눈앞에 온갖 물건의 형상이 비록 그 모양이 각각 다르나 그 이치는 하나이니라. 하나는 즉 한울님이니 한울님이 만물의 조직에 의하여 표현이 각각 다르니라.

같은 비와 이슬에 복숭아나무에는 복숭아 열매를 맺고 오얏나무에는 오얏 열매가 익나니 이는 한울님이 다른 것이 아니요, 만물의 종류가 다름이로다. 　　　　《해월신사법설海月神師法說》〈기타〉

3) 전체이면서 부분으로 현현顯現, 활동하는 영靈

크도다, 천도의 영묘靈妙함이여, 일에 간섭치 아니함이 없으며 만물에 있지 아니함이 없나니 모든 형상이 다 천도天道의 표현이니라.

지금에 어리석은 풍속이 산에 빌며 물에 빌어 복을 비는 자 또한 기이한 증험이 없지 아니하나니, 이것은 천지의 영묘가 어느 곳에든지 비추지 아니한 바 없느니라.   《해월신사법설》〈기타〉

그러므로 성령性靈은 근본이 세상에 나타난 것이니라. 영을 떠나 따로 물건이 없고 물건을 떠나 따로 영이 없고 다시 세상이 없으니, 마침내 영은 세상을 마련하고 세상은 영을 얻은 것이니라. 물건마다 각각 그 성품을 이룬 것은 이 신묘한 성령의 활동이 만기만상萬機萬相에 응한 것이요, 기국대로 세상에 나타나 조섭하는 데 응함이니, 비유하면 같은 비와 이슬에 복숭아는 복숭아 열매를 맺고 살구는 살구 열매를 맺나니, 이것은 천차만별의 식물에 좇아 천차만별의 열매를 맺음과 같으니라.

같은 성령에 헤아릴 수 없는 큰 덕의 묘한 법이 대천대지大天大地의 각개 차별을 순히 화하여, 하늘에 솔개가 날고 못에 고기가 뛰는 것이니라.   《의암성사법설》〈성령출세설性靈出世說〉

4) 창조적 생성, 진화과정의 조화신造化神

한울님 하신 말씀
"개벽 후 5만 년에
네가 또한 첨이로다.
나도 또한 개벽 이후

노이무공勞而無功하다 가서

너를 만나 성공하니

나도 성공, 너도 득의得意

너희 집안 운수로다."

《용담유사龍潭遺詞》〈용담가龍潭歌〉

5) 만유를 섭리하는 주재자

천생만민天生萬民 하였으니[3]

필수지직必授之職할 것이요[4]

명내재천命乃在天 하였으니[5]

죽을 염려 왜 있으며

한울님이 사람 낼 때

녹祿 없이는 아니 내네.

(중략)

한울님께 아뢰오니

한울님 하신 말씀

(중략)

그런 소리 말았어라

낙지落地 이후 첨이로다.[6]

---

3) 하늘이 만민을 내였다 하였으니
4) 반드시 그들에게 직분을 줄 것이요
5) 생명은 하늘에 달려 있다 하였으니
6) 세상이 생겨난 이후 첨이로다.

착한 운수 둘러놓고
포태지수胞胎之數 정해내어[7]
자아시自兒時 자라날 때[8]
어느 일을 내 모르며

《용담유사》〈교훈가敎訓歌〉

나도 또한 한울님께
명복命福 받아 출세하니
자아시自兒時 지낸 일을
역력히 헤어보니
첩첩이 험한 일을
당當코나니 고생일네
이도 역시 천정天定이라
무가내라 할 길 없다.

《용담유사》〈안심가安心歌〉

6) 인간과 감응, 대화하는 인격성

그럭저럭 할 길 없어
없는 정신 가다듬어
한울님께 아뢰오니

---

7) 타고난 운수 정해내어
8) 어릴 때부터 자라날 때

한울님 하신 말씀
"너도 역시 사람이라
무엇을 알았으며
억조창생 많은 사람
동귀일체同歸一體하는 줄을
사십 평생 알았더냐.

《용담유사》〈교훈가〉

　한울님이 간섭하지 않으면 고요한 한 물건 덩어리니 이것을 죽었다고 하는 것이요, 한울님이 항상 간섭하면 지혜로운 한 영물靈物이니 이것을 살았다고 말하는 것이라. 사람의 일동일정이 어찌 한울님의 시키는 바가 아니겠는가. 부지런하고 부지런하여 힘써 행하면 한울님이 감동하고 땅이 응하여 감히 통하게 되는 것은 한울님이 아니고 무엇이리오. 잘 생각하고 자세히 살필지어다.

《해월신사법설》〈도결道訣〉

7) 초월자이며 동시에 만물에 내재하는 우주 생명

　한울님은 만물을 지으시고 만물 안에 계시나니, 그러므로 만물의 정기는 한울님이니라. 만물 중 가장 신령한 것은 사람이니 그러므로 사람은 만물의 주인이니라. 　　《해월신사법설》〈기타〉

　한울님은 만물을 화생化生하고 뜻을 형체에 붙여 임의로 활용하는 것이요, 사람은 아들딸을 낳아서 사랑하여 기르다가 나중에는 뜻을 자손에게 주고 집을 길이 전하느니라. (중략)

한울이 뜻을 형체에 붙여서 임의로 활용하는 것이 명백함이여, 모실 시侍자에 어찌 믿음이 없으며 공경이 없겠는가.

《의암성사법설》〈수수명실록授受明實錄〉

3. 조화원리造化原理로서의 한울님

이 항목에서는 다섯 개의 제목 아래 한울님의 조화造化(우주 안에서 무궁하게 진행되는 만물의 창조적 생성·변화의 과정) 원리와 참모습에 대한 주제를 다룬다.

첫째 주제는 우주와 인간사를 관통하는 무궁한 창조적 활동 자체인 한울님의 조화를 다룬다. 둘째는 한울님이 가진 본연의 조화의 원리는 양극성의 일치와 통일로써 전 우주에 걸쳐 작용함을 보여준다. 셋째 주제에서는 인간은 어떻게 우주에 편만한 진리의 존재인, 보이지 않는 한울님을 인식할 수 있을까? 우주는 근본적으로 자연법의 근원인 한울님의 창조적 활동의 표현이다. 따라서 한울님은 보이지 않지만, 그 흔적과 자취는 자연계의 질서를 통해서 그 존재 증거를 확인할 수 있음을 보여준다. 넷째 주제에서는 한울님은 결코 그 자체의 모습으로 인간에게 인식되는 것이 아니라, 마음의 거울에 투영되어 인식되는 것임을 보여준다. 마지막 주제는 참되고, 불생불멸한 우주적 실상을 다룬다.

1) 우주생명의 무궁한 창조적 활동

만물이 나고 자람이여, 어떻게 그러하고 어떻게 그러한가.

조화옹造化翁의 거두고 저장함이여, 스스로 때가 있고 스스로 때가 있도다.

물의 근원이 깊음이여, 가물어도 끊어지지 아니하고, 나무의 뿌리가 굳건함이여, 추워도 죽지 아니하도다. (중략)

만물의 조화造化여, 무극無極하고 무궁無窮하도다.

놀라워라, 이 세상에 우리 도道의 되어나감이여, 어두울 때도 있고 밝을 때도 있도다.　　　　　　《해월신사법설》〈강서降書〉

2) 양극성兩極性의 일치와 통일

어떤 이가 "이치〔理〕와 기운〔氣〕 두 글자에 어느 것이 먼저입니까?"라고 물었다.

"천지, 음양, 일월, 천만물의 화생한 이치가 한 이치 기운의 조화造化 아님이 없는 것이니라. 나누어 말하면 기氣란 것은 천지, 귀신, 조화, 현묘玄妙를 총칭한 이름이니 모두가 한 기운이니라."라고 대답하셨다.

또 말씀하기를 "화化해 낳는 것은 한울님 이치요 움직이는 것은 한울님 기운이니, 이치로 화생하고 기운으로 동정動靜하는 것인즉, 먼저 이치요 뒤에 기운이라고 해도 당연하나 합하여 말하면 귀신,

기운, 조화가 모두 한 기운이요, 나누어 말하면 귀신은 형상하기도 어렵고 헤아리기도 어려운 것이요, 기운은 굳세고 건실하여 쉬지 않는 것이요, 조화造化는 현묘하여 함이 없이 되는 것이니, 그 근본을 상고하면 한 기운뿐이니라. 밝게 분별하여 말하면 처음에 기운을 편 것은 이치요, 형상을 이룬 뒤에 움직이는 것은 기운이니, 기운은 곧 이치라 어찌 반드시 나누어서 둘이라 하겠는가. 기란 것은 조화의 원체元體 근본이요, 이치란 것은 조화의 현묘니, 기운이 이치를 낳고 이치가 기운을 낳아 천지의 수數를 이루고 만물의 이치가 되어 천지 변화의 근본이 되는 수를 세운 것이니라." 하셨다.

《해월신사법설》〈천지이기天地理氣〉

사람의 동動하고 정靜하는 것이 마음이 시키는 것인가, 기운이 시키는 것인가. 기운은 주主가 되고 마음은 체體가 되고 귀신은 용사用事하는 것이니, 조화造化란 것은 귀신鬼神의 타고난 재능이니라.

귀신이란 것은 무엇인가. 음양陰陽으로 말하면 음은 귀, 양은 신이요, 성심性心으로 말하면 성은 귀, 심은 신이요, 굴신屈伸으로 말하면 굴은 귀, 신은 신이요, 동정動靜으로 말하면 정은 귀, 동은 신이니라. (중략)

움직이는 것은 기운이요, 움직이고자 하는 것은 마음이요, 능히 구부리고 펴고 변하고 화하는 것은 귀신이니라. 귀신이란 것은 천지의 음과 양이요 이치와 기운의 변동이요 차고 더움의 정기精氣니, 나누면 한 이치가 만 가지로 다르게 나타나고 합하면 한 기운일 따름이니라. 그 근본을 연구하면 귀신, 성심, 조화가 모두 한 기운의 시키는 바니라.

《해월신사법설》〈천지인天地人·귀신鬼神·음양陰陽〉

3) 자연계의 질서, 한울님의 자취

저 아득한 옛날부터 지금까지 봄과 가을이 번갈아들고 사시四時의 성하고 쇠함이 옮기지도 바뀌지도 아니하니 이 또한 한울님 조화造化의 자취가 천하에 뚜렷한 것이로되, 어리석은 사람들은 비와 이슬의 혜택을 알지 못하고 그저 저절로 그렇게 되어가는 줄로 알더라.

《동경대전》〈포덕문布德文〉

네 계절이 성盛하고 쇠衰하는 것과 바람, 이슬, 서리, 눈이 내리는 것이 그때를 잃지 아니하고 차례를 바꾸지 아니하되 풀잎에 잠시 맺혔다 사라지는 이슬과 같은 사람들은 그 까닭을 알지 못하여, 어떤 이는 한울님 은혜라 이르고 어떤 이는 조화의 자취라 이른다.

《동경대전》〈논학문〉

4) 인간 마음을 투영하는 존재로서 한울님

성품과 마음은 현묘하고 현묘해서 물건에 응하여도 자취가 없으나, 있는 듯 생하는 듯하느니라. 성품은 본래 없는 것도 없고, 있는 것도 없고, 나타난 것도 없고, 의지한 것도 없고, 서 있는 것도 없고, 선한 것도 없고, 악한 것도 없고, 처음도 없고, 나중도 없는 것이요, 마음은 본래 빈 것이라.

모든 생각과 모든 헤아림과 억만년 예와 지금이 형상도 없고 자취도 없으나, 천만 가지 모든 일이 생각하는 가운데서 얻어지느니라. 그러므로 마음이 성품 속에 있으면 변화가 무쌍하여 조화를 헤아릴 수 없으니, 성품과 마음 두 사이에 변화가 자연히 이루어지느니라. 나누어 말하면 마음이 흰 것을 구하고자 하면 흰 것으로 보이고, 붉은 것을 구하면 붉은 것으로 보이고, 푸른 것을 구하면 푸른 것으로 보이고, 노란 것을 구하면 노란 것으로 보이고, 검은 것을 구하면 검은 것으로 보이느니라.

이로써 미루어 생각하면 도를 구하는 사람이 또한 삼가지 않을 수 없으니, 구하는 사람이 구하기를 바르게 하면 보이는 것도 또한 바르고, 구하기를 그릇되게 하면 보이는 것도 그릇되게 보이느니라.

지나간 옛 현철이 스스로 구하고 스스로 보이는 것으로 서로 다투었으나, 우리 도에 이르러서는 사람이 스스로 구하여 도를 이루는 것이 아니라 한울님이 반드시 바르게 보이고 바르게 들으니, 만에 하나도 의심이 없느니라.

《의암성사법설》〈무체법경 신통고神通考〉

5) 무실체성無實體性, 우주적 진실

빈 것이 능히 기운을 낳고, 없는 것이 능히 이치를 낳고, 부드러운 것이 능히 기운을 일으키고, 굳센 것이 능히 기운을 기르나니,

이 네 가지는 없어서는 안 되느니라. 이 비고 없는 기운을 체體로 하여 비고 없는 이치를 쓰면, 비고 신령한 것이 참된 데 이르러 망령됨이 없어지느니라.

참이란 것은 빈 가운데서 실상을 낳은 것이니 천지의 지극히 공변된 것이요, 망령이란 것은 허한 가운데서 생긴 거짓이니 천지의 공功이 없어지는 것이니라. 참을 지키면 한울님이 사랑하고 망령되면 한울님이 미워하느니라. 그러므로 진실이란 것은 천지의 생명체요, 거짓과 망령이란 것은 사람의 몸을 깨뜨려 없애는 쇠뭉치이니라. 비어서 고요하며, 움직이면서 전일專一하며, 형상은 없으나 형상을 나타내는 것이 이 혼원渾元한 한 기운의 참된 것이니라.

《해월신사법설》〈허虛와 실實〉

어떤 사람이 "성품은 본래 처음이 없거니 성품이 있고 마음이 있는 것은 어찌 된 것입니까."라고 물었다.

의암성사께서 "성품이란 것은 이름이니 이름은 만물이 있게 된 후에 처음으로 얻은 것이요, 처음이란 것은 태초 만물이 있던 때이니라. 능히 성품을 말하고 능히 처음을 말하는 것은 이는 영감靈感으로 생각한 것이요, 영감이 나타나는 것은 유체성有體性이라, 이 성품과 이 마음은 죽고 사는 것을 면치 못하나 처음도 없는 성품은 바로 무체성無體性이니 나고 죽는 것이 있지 아니하여 진진여여眞眞如如한 것이니라."라고 대답하셨다.   《의암성사법설》〈후경〉

제3장

세계, 조화, 개벽

闢 開

《개벽》 창간호

이 장에서는 한울님의 역동적 표현체인 우주와 자연계에 관련된 가르침들을 소개한다. 여기에 소개되는 우주와 자연물은 인간의 지배와 이용 대상인 단순한 물질적 환경이나 피조물로서 묘사되지 않는다. 또한 거대하고 정교한 기계적 존재로서도 설명되지 않는다. 천도교에서 인식하는 우주는 유기체적이며 전일적인, 살아 있는 생명체인 우주로서 한울님의 적극적 현현체이며, 신령스런 지기至氣의 무궁한 창조적 활동의 자기표현 과정이다. 곧 한울님은 스스로 우주가 되시고 우주 안에서 살아 계시며, 우주는 한울님 안에서 신령한 생명 활동을 이어간다.

우주 안의 만물은 하나하나가 한울님의 화신化身이며, 전일적 생명우주 속의 분신分身이다. 무기물·유기물을 포함한 만물은 상호 연관, 의존하는 공생의 관계성을 바탕으로 무궁히 진화해간다. 일체 만유의 생성·성쇠·소멸의 과정은 한울님의 무궁한 조화造化 활동의 경험이다.

살아 있는 통일적 생명체인 이 세계는 한울님의 영성과 조화원리를 그대로 자신 안에 지니면서 목적과 의미를 가지고, 스스로 새로운 차원을 열어가면서 무궁한 질적 진화의 과정을 이어가는 영성적 생명이며, 동시에 만물을 은혜롭게 양육해가는 진정한 부모의 격을 갖는다.

이러한 지기일원론至氣一元論에서 비롯된 경건한 생명의 세계관은 궁극적 실재와 세계의 분리, 인간과 세계의 갈등, 관념론과 유물론의 대립 등의 오랜 문제들을 극복하여, 새로운 차원에서 통일시키는 관점을 열어준다.

생명의 세계관은 자연 만물이 한울님의 신성을 지닌 존엄한 생명임을 일깨워, 개발과 착취의 대상으로 인식해왔던 서구 근대적 자연관을 극복하게 해준다. 자연계가 오염되고 더럽혀지면 그 안에서 살아가시는 한울님의 고통스러움을 직접 느끼며, 그 파괴와 오염의 삶을 가슴 아파하는 참된 인간은 자연 만물을 존엄한 생명으로 공경하고, 존중함으로써 자연계와 평화로운 공생共生의 삶을 이루어간다.

또한 이 장에서는 천지 자연계뿐만 아니라 인류 문명이 전혀 새로운 차원으로 진입해가는 우주적 대전환의 시기에 있음을 예고해준다. 이러한 대전환의 시기에 살아가는 사람들에게 인류의 정신과 도덕·문화 전반에 걸친 총체적이고도 창조적인 개벽의 역사를 열어가야 할 사명을 권고함으로써 새로운 천지, 새로운 인간, 새로운 문화의 전개를 일깨워준다. 경전에서 가르치는 개벽의 이상은 선천의 종교에서 가르친 역사의 종말 또는 최후의 심판 후의 천년왕국이나 하나님 나라를 실현하려는 이상理想과는 거리가 멀다. 그에 대한 가르침은 사회윤리와 이상적 사회편에서 다루어질 것이다.

1. 영성적靈性的 생명우주

이 항목은 살아 있는 생명체인 우주의 본질적 속성들을 다루고 있다.

세계는 인간을 위해 희생하고, 봉사해야 하는 종속적 환경이 아니다. 세계는 우주의 궁극적 실재인 지기至氣의 무궁한 창조적 활동 과정으로서, 한울님의 본성을 소유하는 신령스런 유기적 생명체이다. 한울님은 스스로 세계가 되시고, 그 안에서 살아가면서 그 생명 활동을 통일하신다. '세계는 한울님의 적극적 표현체'라는 생명의 세계관을 보여준다.

이 항목에서는 여섯 개의 주제 아래 우주의 영성을 설명한다.

한울님의 신령성이 활동하는 우주, 하나의 근원적 기운과 원리에 의해 통일된 전일적 우주, 상호 연관·의존의 관계 속에서 공생해 가는 자연계, 우주에 편만遍滿한 지기至氣의 무궁한 조화造化 과정상의 우주, 드러나지 않는 한울님의 질서와 드러난 현상계의 통일체로서의 세계, 한울님의 적극적 현현顯現으로서의 우주가 설명된다.

1) 신령스런 우주

마음이란 것은 내게 있는 본연의 한울님이니 천지 만물이 본래 한마음이니라. 마음은 선천先天 후천後天의 마음이 있고, 기운도 또한 선천 후천의 기운이 있느니라. 천지의 마음은 신령스럽고 신령스러우며 천지의 기운은 끝없이 넓고 넓어서 천지에 가득 차고 우주에 뻗쳐 있느니라.　　　　《해월신사법설》〈영부靈符·주문呪文〉

우주는 원래 영靈의 표현인 것이니라.

영의 적극적 표현은 이것이 형상 있는 것이요, 영의 소극적 섭리는 이것이 형상 없는 것이니, 그러므로 형상이 없고 형상이 있는 것은 곧 영의 나타난 세력과 잠겨 있는 세력의 두 바퀴가 도는 것 같으니라.

여기에 한 물건이 있어 문득 영성靈性의 활동이 시작되었나니, 이것은 영의 결정結晶으로서 만물의 조직을 낳은 것이요, 만물의 조직으로서 다시 영의 표현이 생긴 것이니라.

그러므로 영과 세상은 같은 이치의 두 측면일 따름이니라.

《의암성사법설》〈성령출세설性靈出世說〉

2) 크나큰 하나의 생명체

천지天地는 한 기운 덩어리니라.

천天·지地·인人은 모두 한 이치 기운뿐이니라. 사람은 바로 한 울 덩어리요, 한울은 바로 만물의 정기이니라. 푸르고 푸르게 위에 있어 일월성신이 걸려 있는 곳을 사람이 다 한울이라 하지마는, 나는 홀로 한울이라고 하지 않노라. 알지 못하는 사람은 나의 이 말을 깨닫지 못할 것이니라.

《해월신사법설》〈천지인·귀신·음양〉

"그러면 높은 것이 한울이 아니요, 두터운 것이 땅이 아니란 것입니까?"

"높은 것은 두터운 것에 의지하고 두터운 것은 높은 것에 의지하였으니, 비천한 것은 그 사이에 있어 위로는 높고 밝은 덕을 입었고 아래로는 넓고 두터운 은혜를 실은 것이니라. 이러하므로 천·지·인 삼재三才란 것은 도무지 한 기운뿐이니라."

《의암성사법설》〈각세진경覺世眞經〉

3) 상호 연관, 유기적 공생체共生體

내 항상 말할 때에 물건마다 한울〔物物天〕이요, 일마다 한울〔事事天〕이라 하였나니, 만약 이 이치를 옳다고 인정한다면 모든 물건이 다 한울로써 한울을 먹여 기르는 것 아님이 없을지니, 한울로써 한울을 먹여 기르는 것이 어찌 생각하면 이치에 서로 맞지 않는 것 같으나, 그러나 이것은 사람의 마음이 한쪽으로 치우쳐서 보는 말이요, 만일 한울 전체로 본다면 한울이 한울 전체를 키우기 위하여 같은 바탕이 된 자는 서로 도와줌으로써 서로 기운이 화함을 이루게 하고, 다른 바탕이 된 자는 한울로써 한울을 먹여 기르는 것으로써 서로 기운이 화함을 통하게 하는 것이니, 그러므로 한울은 한쪽에서 동질적 기화同質的氣化로 종속을 기르게 하고 한쪽에서 이질적 기화異質的氣化로써 종속과 종속의 연대적 성장 발전을 도모하는 것이니, 합하여 말하면 한울로써 한울을 먹여 기르는 것은 곧 한울의 기화 작용으로 볼 수 있다.　《해월신사법설》〈이천식천以天食天〉

4) 우주에 가득 찬 지기至氣의 무궁한 변화 활동

움직이는 것은 기운이요, 움직이고자 하는 것은 마음이요, 능히 구부리고 펴고 변하고 화하는 것은 귀신이니라. 귀신이란 것은 천지의 음과 양이요 이치와 기운의 변동이요 차고 더움의 정기精氣니, 나누면 한 이치가 만 가지로 다르게 나타나고 합하면 한 기운일 따름이니라. 그 근본을 연구하면 귀신鬼神, 성심性心, 조화造化가 모두 한 기운의 시키는 바이니라.　　《해월신사법설》〈천지인·귀신·음양〉

만물은 별다른 이치가 없고
한 조화로 이루어진 곳곳의 한울이라.
나도 없고 몸도 없고
마음 또한 없는 것이니
한 물이 처음으로
음과 양의 한울을 나누었어라.
크게 한울 땅을 보니
한 기운의 한울이요,
형형색색形形色色 조화의 한울이요,
구부리고 펴고 또 고요하고 움직이는 것은 마음대로의 한울이요,
만사를 다스리는 한 가지 한울이라.
능히 만사를 알 수 있는
자연히 되는 한울이요,
한 번 입을 열면
뜻과 같이 되는 한울이요,
물건과 같이 덕에 합하여

사이가 없는 한울이요,

도를 천지에 세워도

의심 없는 한울이라.

《의암성사법설》〈시문詩文 우음偶吟〉

5) 양극성, 상보성相補性, 통일성

노래하여 말하노라. 천고의 만물이여, 각각 이룸(成)이 있고 각각 형상이 있도다. 보는 바로 말하면 그렇고 그런 듯하나, 그부터 온 바를 헤아리면 그 근원이 멀고도 심히 멀도다. 이 또한 아득한 일이요, 헤아리기 어려운 말이로다. 내가 나 된 것을 생각하면 부모가 이에 계시고, 뒤의 후대를 생각하면 자손이 저기 있도다. 오는 세상에 견주면 이치가 내가 나 된 것을 생각함에 다름이 없고, 지난 세상에서 찾으면 사람으로서 사람 된 것을 분간키 어렵도다.

아! 이같이 미루어 헤아림이여. 역시 그렇다고 보면 그러하고(其然) 그러한 것 같으나, 그렇지 않음을 찾아서 생각하면 그렇지 아니하고(不然) 또 그렇지 아니하도다. 왜 그런가.

태고에 천황씨天皇氏는 어떻게 사람이 되었으며 어떻게 임금이 되었는가. 이 사람의 근본이 없음이여, 어찌 불연不然이라고 이르지 않겠는가. 세상에 누가 부모 없는 사람이 있겠는가. 그 선조를 상고하면 그렇고 그렇고 또 그런 까닭이니라. (중략)

무릇 이와 같은즉 불연은 알지 못하므로 불연을 말하지 못하고, 기연其然은 알 수 있으므로 이에 기연을 믿는 것이라. 이에 그 끝

을 헤아리고 그 근본을 캐어본즉 만물이 만물되고 이치가 이치된
큰일이 얼마나 먼 것이냐. 하물며 또한 이 세상 사람이여, 어찌하
여 앎이 없으며, 어찌하여 앎이 없는고. (중략)

이러므로 단정하기 어려운 것은 불연이요, 판단하기 쉬운 것은
기연이라.

근원을 캐어 견주어 생각하면 그렇지 않고 그렇지 않고 또 그렇
지 않은 일이요, 조물자造物者에 붙여보면 그렇고 그렇고 또 그러
한 이치인저.　　　　　　　　　　　　　　《동경대전》〈불연기연〉

여기에 한 물건이 있어 문득 영성靈性의 활동이 시작되었나니,
이것은 영의 결정結晶으로써 만물의 조직을 낳은 것이요, 만물의
조직으로써 다시 영의 표현이 생긴 것이니라.

그러므로 영과 세상은 같은 이치의 두 측면일 따름이니라. (중략)

그러므로 성령性靈은 근본이 세상에 나타난 것이니라. 영을 떠
나 따로 물건이 없고 물건을 떠나 따로 영이 없고 다시 세상이 없
으니, 마침내 영은 세상을 마련하고 세상은 영을 얻은 것이니라.

《의암성사법설》〈성령출세설〉

6) 한울님의 역동적力動的 현현체顯現體

우주는 한 기운의 나타남이요 일신一神의 하는 일이라, 눈앞에
온갖 물건의 형상이 비록 그 모양이 각각 다르나 그 이치는 하나
이니라. 하나는 즉 한울님이니 한울님이 만물의 조직에 의하여 표

현이 각각 다르니라.

같은 비와 이슬에 복숭아나무에는 복숭아 열매를 맺고 오얏나무에는 오얏 열매가 익나니, 이는 한울님이 다른 것이 아니요 만물의 종류가 다름이로다.　　　　　　　　《해월신사법설》〈기타〉

2. 세계의 전개와 개벽

살아 있는 역동적 생명체로서의 세계는 단순한 피조물이 아니라, 무궁히 생성·변화·성쇠·순환하는 역동성을 보여준다. 경전에서는 천지 만물이 새로운 차원을 향해, 인류가 지금껏 경험해보지 못한 새로운 대전환의 시기를 열어가고 있음을 알려준다. 이러한 우주적 대전환의 시기에 인류 사회는 문화 전반에 걸친 총체적이며 창조적인 변혁의 역사를 열어가야 할 사명을 안고 있음을 알려주고 있다.

이 항목에서는 먼저 끊임없이 순환, 변화해가는 세계를 다루고, 두 번째 주제에서는 새로운 천지, 새로운 만물, 새로운 인간으로 다시 개벽할 운을 맞이한 세계를 설명한다.

1) 무궁히 창조·변화·순환하는 세계

성한 것이 오래면 쇠하고 쇠한 것이 오래면 성하고, 밝은 것이 오래면 어둡고 어두운 것이 오래면 밝나니 성쇠명암盛衰明暗은 천도天道의 운이요, 흥한 뒤에는 망하고 망한 뒤에는 흥하고, 길한 뒤에는 흉하고 흉한 뒤에는 길하나니 흥망길흉興亡吉凶은 인도人道의 운이니라.

경에 말씀하시기를 "그 사람의 귀천의 다름을 명하고 그 사람의 고락의 이치를 정했으나, 그러나 군자의 덕은 기운이 바르고 마음이 정해져 있으므로 천지와 더불어 그 덕에 합일하고 소인의 덕은 기운이 바르지 못하고 마음이 옮기므로 천지와 더불어 그 명에 어기나니, 이것이 성쇠의 이치가 아니겠는가."《동경대전》〈논학문〉) 하셨으니, 이것은 천리天理와 인사人事가 부합한 수이니라.

봄이 가고 봄이 옴에 꽃이 피고 꽃이 지는 것은 변하는 운이요, 추위가 오고 더위가 감에 만물이 나고 이루는 것은 동하는 운이요, 황하수가 천 년에 한 번 맑음에 성인이 다시 나는 것은 천도와 인도의 무궁한 운이니라.

세상 만물이 나타나는 때가 있고 쓰는 때가 있으니, 달밤 삼경에는 만물이 다 고요하고, 해가 동쪽에 솟으면 모든 생령이 다 움직이고, 새것과 낡은 것이 변천함에 천하가 다 움직이는 것이니라. 동풍에 화생하여도 금풍金風(가을바람)이 아니면 이루지 못하나니 금풍이 불 때에 만물이 결실하느니라. 운을 따라 덕에 달하고 시기를 살피어 움직이면 일마다 공을 이루리라. 변하여 화하고, 화하여 나고, 나서 성하고, 성하였다가 다시 근원으로 돌아가나니, 움직이면 사는 것이요 고요하면 죽는 것이니라.

낮이 밝고 밤이 어두운 것은 하루의 변함이요, 보름에 차고 그

믐에 이지러지는 것은 한 달의 변함이요, 춥고 덥고 따스하고 서늘한 것은 한 해의 변함이니라. 변하나 변치 아니하고, 움직이나 다시 고요하고, 고요하나 다시 움직이는 것은 이기의 변동이요, 때로 변하고 때로 움직이고 때로 고요한 것은 자연의 도이니라.

《해월신사법설》〈개벽운수開闢運數〉

2) 다시 개벽으로 맞이하는 세계

천지일월은 예와 이제의 변함이 없으나 운수는 크게 변하나니, 새것과 낡은 것이 같지 아니한지라, 새것과 낡은 것이 서로 갈아드는 때에 낡은 정치는 이미 물러가고 새 정치는 아직 펴지 못하여 이치와 기운이 고르지 못할 즈음에 천하가 혼란하리라. 이때를 당하여 윤리·도덕이 자연히 무너지고 사람은 다 금수의 무리에 가까우리니, 어찌 난리가 아니겠는가.   《해월신사법설》〈개벽운수〉

천지의 기수氣數로 보면 지금은 일 년의 가을이요, 하루의 저녁 때와 같은 세계라. 물질의 복잡한 것과 공기의 부패한 것이 그 극도에 이르렀으니, 이 사이에 있는 우리 사람인들 어찌 홀로 편안히 살 수 있겠는가. 큰 시기가 한 번 바뀔 때가 눈앞에 닥쳤도다.

무섭게 죽이는 가을바람이 쌀쌀하고 쓸쓸하게 서쪽으로부터 동쪽에 불어오니, 우거졌던 푸른 초목이 아무리 현재의 모양을 아직 보존하고 있지마는 하룻밤 지나면 산에 가득 차 누렇게 떨어지는 가련한 서리 맞은 잎뿐이리니, 이제 이 유형의 개벽을 당하여 정신상으로 무형의 개벽을 하지 않으면, 천하로 옷을 입고 우주로 집을 삼고 사해로 밭을 가는 그 사람이라도 '한 번 가지에서 떨어지면 문득 적막한 서리 맞은 잎'과 같이 될 것이니, 이것이 사람과 물건이 개벽하는 때이니라.

《의암성사법설》〈인여물개벽설人與物開闢說〉

우리 도의 운수에 요堯임금과 순舜임금, 공자孔子와 맹자孟子 같은 성스러운 인물이 많이 나리라. 우리 도는 천황씨天皇氏의 근본 큰 운수를 회복한 것이니라. 천황씨의 무위無爲에 의하여 이룩하는 그 근본을 누가 능히 알 수 있겠는가. 아는 이가 적으니라.

사람은 한울 사람이요, 도는 대선생님(최제우)의 무극대도無極大道니라.

《해월신사법설》〈개벽운수〉

개벽開闢이란 하늘이 떨어지고 땅이 꺼져서 혼돈한 한 덩어리로 모였다가 자子·축丑 두 조각으로 나뉨을 의미함인가. 아니다.

개벽이란 부패한 것을 맑고 새롭게, 복잡한 것을 간단하고 깨끗하게 함을 말함이니, 천지만물의 개벽은 공기空氣로써 하고 인생만사의 개벽은 정신精神으로써 하나니, 너의 정신이 곧 천지의 공기이니라.

지금 그대들은 하지 못할 일을 생각하지 말고 먼저 각자가 본래 있는 정신을 개벽하면, 만사의 개벽은 그 다음 차례의 일이니라.

《의암성사법설》〈인여물개벽설〉

3. 만유의 근본으로서의 천지天地

이 항목은 생명의 근원이며 위대한 양육자인 천지 세계를 부모님과 같이 섬기고 봉양해야 한다는 가르침이다.

1) 부모로서 섬기고 봉양해야 할 천지

천지는 곧 부모요 부모는 곧 천지니, 천지 부모는 일체一體니라. 부모의 포태胞胎가 곧 천지의 포태니, 지금 사람들은 다만 부모 포태의 이치만 알고 천지 포태의 이치와 기운을 알지 못하느니라. (중략)
천지는 만물의 아버지요 어머니이니라. 그러므로 경에 이르기를 "임이란 것은 존칭하여 부모와 더불어 같이 섬기는 것이라.〔主者 稱共尊而與父母同事者也〕" 하시고, 또 말씀하시기를 "예와 이제를 살펴보면 인사人事의 할 바니라." 하셨으니, "존칭하여 부모와 더불어 같이 섬긴다."는 것은 옛 성인이 밝히지 못한 일이요 수운水雲 대선생님께서 비로소 창명하신 큰 도이니라. 지극한 덕이 아니면 누가 능히 알겠는가. 천지가 그 부모인 이치를 알지 못한 것이 5만 년이 지나도록 오래되었으니, 다 천지가 부모임을 알지 못하면 억조창생이 누가 능히 부모에게 효도하고 봉양하는 도로써 공경스럽게 천지를 받들 것인가.
천지부모를 길이 모셔 잊지 않는 것을 깊은 물가에 이르듯이 하며 엷은 얼음을 밟는 듯이 하여, 지성으로 효도를 다하고 극진히 공경을 다하는 것은 사람의 자식 된 도리이니라.

《해월신사법설》〈천지부모天地父母〉

한울님은 음양오행으로써 만민을 화생하고 오곡을 장양長養한 즉, 사람은 오행의 가장 빼어난 기운이요, 곡식도 또한 오행의 원기라. 오행의 원기로써 오행의 빼어난 기운을 기르나니, 화해서 나고 자라서 이루는 것은 이것이 한울님이 아니고 누구이며 은혜가 아니고 무엇이라 말하리오. 그렇기 때문에 우리 스승님(최제우)께서 5만 년 무극대도無極大道를 받아 덕을 천하에 펴서 이 사람들로 하여금 이 도를 행하여 이 덕을 알게 하는 것은 다만 이 한 가지뿐이라.

《해월신사법설》〈도결〉

2) 조화와 공생共生

사람은 한울님을 떠날 수 없고 한울님은 사람을 떠날 수 없나니, 그러므로 사람의 한 호흡, 한 동정動靜, 한 의식衣食도 이는 서로 화하는 기틀이니라.

한울님은 사람에 의지하고 사람은 먹는 데 의지하나니, 만사를 안다는 것은 밥 한 그릇을 먹는 이치를 아는 데 있느니라.

사람은 밥에 의지하여 그 생성을 돕고 한울님은 사람에 의지하여 그 조화를 나타내는 것이니라. 사람의 호흡과 동정과 굴신과 의식은 다 한울님 조화의 힘이니, 한울님과 사람이 서로 화하는 기틀은 잠깐이라도 떨어지지 못할 것이니라.　　《해월신사법설》〈천지부모〉

제4장

인간과 종교적 체험

을묘년(1855) 하늘에서부터 천서天書를 받다

이 장에서는 인간의 본성과 참모습, 세계 속에서의 인간의 위상, 선악과 삶의 정황, 죽음과 영혼, 인간의 승화와 인생의 목적 등과 관련한 구절들을 다룬다.

인간은 한울님의 신령한 본성이 그대로 내재된 존엄하고도 성스런 존재로서 인식된다. 모든 인간은 태어나면서부터 인종·계급·신분·성·종교·민족 등의 차이에도 불구하고 한울님을 자기 몸 안에 모시고 있다는 시천주侍天主의 신神 관념에는 사람의 존엄함이 곧 한울님의 존엄성과 같다는 인내천人乃天의 인간관을 포함하며, 또한 사람 섬기기를 한울님처럼 섬겨야 한다는 사인여천事人如天의 섬김의 윤리가 포함되어 있다.

인간은 단순한 신의 피조물이 아니라, 한울님의 신성神性이 육화肉化된 한울님의 현현이다. 또한 우주 만물과의 관계에서 볼 때 인간은 우주 자연의 일부로서 생명체 가운데 하나의 종이지만, 지상 자연계에서 가장 높은 영성을 가진 만물의 영장으로서 한울님의 본성을 알고, 그분의 뜻을 성취할 수 있는 능력과 자질을 갖춘 주체이다. 그러나 인간의 주체성은 우주 자연계의 질서와 본질적으로 조화되어 있다. 따라서 자연계를 지배·착취하는 주관자가 될 수 없다. 한울님 가족의 일원으로서, 또한 우주의 자녀로서 자연계의 조화와 협동·공생의 질서에 동참해야 할 지위에 있다. 더 나아가 인간 존재의 근원인 우주에 대한 공경심은 부모에 대한 공경심과 같아야 함을 강조하는 구절들은 현대의 생태계 파괴와 오염의 문제에 대해 인류가 어떻게 대처해야 하는지에 대해 근본적인 지혜를 던져주고 있다. 인간은 전 생명계를 공경하고 위하면서 살아야, 우주 만물에 의해서 온전한 삶을 보장받는다.

또한 인간은 신에 종속된 피동적 존재로서가 아니라, 한울님 뜻에 합일하여 역사를 주체적으로 만들어가는 창조적 존재로 이해되고 있다.

앞에서 다룬, 후천개벽後天開闢의 대전환의 시기를 맞이한 세계와 역사의 전개, 진행 가운데, 인간은 스스로의 의지에 따라 인류의 문화체제를 재편성하는 창조적 주체로서의 지위를 갖는다고 경전은 알려주고 있다.

한울님의 본성을 보유한 인간이 자신의 신적神的 자아에 대해 무지할 때, 인생에서 고통·화禍·악을 낳는다. 따라서 한울님과 진리에 일치하는 삶이 인생의 궁극적 가치를 실현하는 것으로 이해된다. 진리, 성聖, 도덕의 완성과 같은 최고의 가치들을 현세에서, 자기 안에서 실현하는 완성된 인격체에 대해 경전에서는 '한울 사람', '지상신선地上神仙', '성인' 등으로 묘사하고 있다. 경전에서 묘사된 거룩한 인격체의 삶은 이기적이며 자기중심적인 굴레를 벗어나 온 우주 생명과의 합일된 삶으로 나아가는 경천순리敬天順理의 그것이며, 일상 속에서 진리를 생활화함으로써 자기 안에서 한울님을 실현하며, 가정에서부터 사회, 자연계에 이르기까지 생명에 대한 섬김과 화합, 평화의 덕을 실현하는 성숙한 영혼을 지닌 지상의 한울 사람의 삶을 가르치고 있다. 그러한 영성적 인격체는 현세에 구현되어야 할, 또한 구현할 수 있는 이상이다.

우주 만물의 정신과 일체로서 존재하며, 영원히 세상과 함께 살아가는 불멸의 성령性靈의 화신인 인간은 한울님과의 일치, 합일을 향해 끊임없이 성화되는 삶을 살도록 권유하는 구절들을 통해 인생의 목적이 드러난다.

인생의 목적은 자아 완성과 사회 완성, 또는 개인과 사회의 성화聖化가 동시에 함께 성취되어야 할 것으로 제시된다.

1. 인간의 본성

이 항목에서는 한울님의 신령성이 내재된 인간의 본성을 다룬다.

인간의 순수한 본성은 모든 개념과 지식, 욕망으로 도달할 수 없다. 한울님의 신령한 본성 그 자체이기 때문이다.

첫 번째 주제에서는 모든 인간은 내면에 한울님의 영성이 보유된 한울 사람으로서 인식되고 있으며, 이하의 네 주제는 인간 고유의 본성을 묘사하는 구절들을 포함하고 있다.

인간의 참된 자아는 불멸하며, 무엇으로도 규정되지 않는 신령함이고, 선악을 초월해 있으며, 무한한 창조의 잠재 근원으로 특징지어진다.

1) 내 몸에 모신 한울님, 우주적 영성靈性

나는 도시 믿지 말고

한울님을 믿었어라.

네 몸에 모셨으니

사근취원捨近取遠한단 말가.9)

《용담유사》〈교훈가〉

"높은 것은 한울보다 더 높은 것이 없고, 두터운 것은 땅보다
더 두터운 것이 없고, 비천한 것은 사람보다 더 비천한 것이 없거
늘, 사람이 한울을 모셨다 하는 것은 어찌 된 것입니까?"

"만물은 다 성품이 있고 마음이 있으니 이 성품과 이 마음은 한
울에서 나온 것이라, 그러므로 한울을 모셨다고 말하는 것이니라."

《의암성사법설》〈각세진경〉

2) 영원불멸의 무궁성無窮性

이 글 보고 저 글 보고

무궁한 그 이치를

불연기연不然其然 살펴내어10)

부야흥야賦也興也11) 비해보면

글도 역시 무궁하고

말도 역시 무궁이라.

무궁히 살펴내어

---

9) 가까운 것을 버리고 먼 것을 취한단 말가.
10) 그렇지 않은 것과 그런 것을 살펴내어
11) 《시경詩經》의 부조賦調로, 또 흥조興調로

무궁히 알았으면
무궁한 이 울 속에
무궁한 내 아닌가.

《용담유사》〈흥비가〉

운용運用의 맨 처음 기점을 나라고 말하는 것이니 나의 기점은 성천性天의 기인한 바요, 성천의 근본은 천지가 갈리기 전에 시작하여 이때에 억억만 년이 나로부터 시작되었고, 나로부터 천지가 없어질 때까지 이때에 억억만 년이 또한 나에게 이르러 끝나는 것이니라. 《의암성사법설》〈무체법경 성심변性心辨〉

3) 비실체의 신령성

"형용하기도 어렵고 말하기도 어렵다는 것은 무엇입니까?"

"너의 물음이 다만 색상色相에서 나온 것이요, 너의 묻지 아니하고 듣지 못하는 것이 바로 형용하기 어렵고 말하기도 어려운 것이니라. 성품은 비고 고요함도 없으며 빛깔도 형상도 없으며 움직임도 고요함도 없으나, 그러나 기운이 엉기어 혈맥이 서로 통하면 때가 있고 움직임이 있나니, 이것을 한울이 있다, 사람이 있다, 정情이 있다, 신神이 있다 말하는 것이니라. 보통 사람의 눈은 다만 자신의 감각 영식感覺靈識으로써 광내光內에서 대조할 뿐이요, 광외光外에 한량없이 넓고 큰 본성은 알지 못하느니라."

《의암성사법설》〈후경〉

4) 무선무악無善無惡의 초월성

나에게 한 물건이 있으니 물건이란 것은 나의 본래의 나니라. 이 물건은 보려 해도 볼 수 없고, 들으려 해도 들을 수 없고, 물으려 해도 물을 곳이 없고, 잡으려 해도 잡을 곳이 없는지라, 항상 머무는 곳이 없어 능히 움직이고 고요함을 볼 수 없으며, 법으로써 능히 법하지 아니하나 만법이 스스로 몸에 갖추어지며, 정으로써 능히 기르지 아니하나 만물이 자연히 생겨나는 것이니라.

변함이 없으나 스스로 화해 나며, 움직임이 없으나 스스로 나타나서 천지를 이루어내고 다시 천지의 본체에서 살며, 만물을 생성하고 편안히 만물 자체에서 사니, 다만 천체天體를 인과로 하여 무선무악無善無惡하고 불생불멸하나니 이것이 이른바 본래의 나니라.

《의암성사법설》〈무체법경 삼성과三性科〉

5) 창조적 자유

내 본체에 비밀히 간직한 것이 영묘靈妙와 영적靈迹이요, 영 속에서 나타나는 것이 나의 생각과 나의 헤아림이니, 나의 생각과 나의 헤아림은 영묘에서 나타나는 것이니라.

깨달은 왼쪽은 성품한울과 이치한울이요, 깨달은 바른쪽은 마음한울과 몸한울이니라. 영이 나타난 근본은 내 성품과 내 몸이라, 성품도 없고 몸도 없으면 이치도 없고 한울도 없나니, 이치도 내 한울 다음에 이치요, 옛적도 내 마음 다음에 옛적이니라.

나는 성품과 이치의 거울이요, 한울과 땅의 거울이요, 예와 이제의 거울이요, 세계의 거울이요, 나는 성품과 이치의 한울이요, 한울과 땅의 한울이요, 예와 이제의 한울이요, 세계의 한울이니, 내 마음은 곧 천지 만물 고금 세계를 스스로 주재하는 한 조화옹造化翁이니라. 이러므로 마음 밖에 한울이 없고, 마음 밖에 이치가 없고, 마음 밖에 물건이 없고, 마음 밖에 조화가 없느니라.

성품과 이치를 보고자 할지라도 내 마음에 구할 것이요, 조화를 쓰고자 할지라도 내 마음에 있는 것이요, 천지 만물 세계를 운반코자 할지라도 내 마음 한쪽에 있는 것이니라.

《의암성사법설》〈무체법경 견성해見性解〉

만물이 생겨나지 못한 것은 인연도 없고 나타남도 없었던 시대요, 만물이 생겨난 것은 형상도 있고 나타남도 있는 시대니, 나도 또한 생물이라, 선천 억억과 후천 억억이 다 내가 태어남으로 말미암아 시작되어 천천물물天天物物(하늘마다 사물마다)이 나를 체體로 하고 나를 용用으로 하는 것이니라.

《의암성사법설》〈무체법경 삼성과〉

2. 세계 속의 인간

이 항목은 세계와 관계를 맺는 인간의 위치와 특성, 그리고 세계와 조화를 이루는 공생의 삶을 소재로 하는 구절들을 포함한다.

인간은 세계의 전 생명권의 순환 체계 속에 연결된 한 부분의 위치를 차지한다는 주제로 시작한다. 두 번째 주제에서는 우주 만물의 자녀로서의 인간의 위상을 설명하며, 세 번째 주제에서는 인류가 역사의 현 단계에서 맞이하고 있는 우울한 위기 현상들을 설명하고 있다. 네 번째 주제에서는 신에 종속된 피동적 존재로서가 아니라 한울님의 참된 뜻에 합일하여 역사를 주체적으로 변혁시켜 가는 존재로서의 인간을 다루었다.

1) 세계와 한 몸인 인간, 우주적 가족의 일원

한울이 사람을 떠나 따로 있지 않은지라. 사람을 버리고 한울을 공경한다는 것은 물을 버리고 해갈을 구하는 것과 같으니라.

《해월신사법설》〈삼경三敬〉

2) 천지부모天地父母의 자녀

무릇 이 몸은 모두 이것이 천지부모의 주신 바요 나의 사물私物이 아니니, 어찌 소홀히 하리오.

지금 세상 사람은 다만 부모의 기혈포태氣血胞胎의 이치만 말하고 천지조화天地造化 기성리부氣成理賦의 근본을 알지 못하며, 혹은 이기포태理氣胞胎의 수를 말하되 세상을 낸〔落地〕 이후에 천포지태天胞地胎 자연이기自然理氣의 가운데서 자라나고 있음을 전연 알지 못하니, 탄식할 일이로다.

행주좌와行住坐臥와 어묵동정語默動靜이 어느 것이나 천지·귀신·

조화의 자취 아님이 없건마는, 혹 천리를 말하고 혹 천덕을 말하나 그러나 전혀 효경孝敬함이 없고 하나도 받들어 섬기지 아니하니, 실로 마음이 상쾌한 이치를 알지 못하는 까닭이니라. 부모가 나를 낳고 나를 기르나 자연히 성장하는 것은 천지의 조화요, 천지가 나를 화생하고 나를 성장하게 하나 천명을 받아서 가르치고 기르는 것은 부모의 은덕이니 그런즉, 천지가 아니면 나를 화생함이 없고 부모가 아니면 나를 양육함이 없을 것이니, 천지부모가 덮어주고 기르는〔覆育〕 은혜가 어찌 조금인들 사이가 있겠는가.

《해월신사법설》〈도결〉

3) 인간의 위기적 현실 정황

또 이 근래에 오면서 온 세상 사람들이 저마다 제 마음대로 하여 천리를 순종치 아니하고 천명을 돌아보지 아니하므로, 마음이 항상 두려워 어찌할 바를 알지 못하였더라.

경신년庚申年(1860)에 이르러 전해 듣건대 서양 사람들은 천주天主의 뜻이라 하여 부귀는 취하지 않는다 하면서 천하를 쳐서 빼앗아 저들의 교당을 세우고 그 도를 행한다고 하므로, 내 또한 과연 그럴 수 있을까 어찌 그럴 수 있을까 하는 의심이 있었더니, (중략)

이러므로 우리나라는 악질惡疾이 세상에 가득 차서 민중들이 언제나 편안할 때가 없으니 이 또한 상해傷害의 운수요, 서양은 싸우면 이기고 치면 빼앗아 이루지 못하는 일이 없으니 중국 천하가 다 멸망하면 우리 또한 순망지탄脣亡之歎이 없지 않을 것이라.

보국안민輔國安民(바른 나라가 되도록 돕고 민중을 평안하게 함)의 계책이 장차 어디서 나올 것인가.

애석하도다. 지금 세상 사람들은 시운時運을 알지 못하여 나의 이 말을 듣고서 들어가서는 마음으로 그르게 여기고, 나와서는 모여서 수군거리며 헐뜯고 도덕을 순종치 아니하니 심히 두려운 일이로다. 어진 사람도 이를 듣고 어떤 이는 그렇지 않다고 여기니 내 못내 개탄하거니와 세상은 어찌 할 수 없는지라.   《동경대전》〈포덕문〉

풍편風便에 뜨인 자도

혹은 궁궁촌弓弓村(이상향) 찾아가고

혹은 만첩산중 들어가고

혹은 서학西學에 입도入道해서

각자위심各自爲心하는 말이

내 옳고 네 그르지

시비분분是非紛紛하는 말이

일일시시日日時時 그뿐일네.

(중략)

아서라, 이 세상은

요순지치堯舜之治라도 부족시不足施요12)

공맹지덕孔孟之德이라도 부족언不足言이라.13)

《용담유사》〈몽중노소문답가夢中老少問答歌〉

12) 요임금과 순임금의 다스림도 베풀기에 부족하고
13) 공자와 맹자의 덕으로도 말하기에 부족하다.

이 세상의 운수는 개벽의 운수라. 천지도 편안치 못하고, 산천 초목도 편안치 못하고, 강물의 고기도 편안치 못하고, 나는 새와 기는 짐승도 다 편안치 못하리니, 유독 사람만이 따스하게 입고 배부르게 먹으며 편안하게 도를 구하겠는가. 선천과 후천의 운이 서로 엇갈리어 이치와 기운이 서로 싸우는지라, 만물이 다 싸우니 어찌 사람의 싸움이 없겠는가.　　　《해월신사법설》〈개벽운수〉

4) 역사와 삶의 창조적 주체

대답하기를 "그 사람의 귀천의 다름을 명命하고 그 사람의 고락의 이치를 정定했으나, 그러나 군자의 덕은 기운이 바르고 마음이 정해져 있으므로 천지와 더불어 그 덕에 합일合一하고 소인의 덕은 기운이 바르지 못하고 마음이 옮기므로 천지와 더불어 그 명에 어기나니, 이것이 성쇠盛衰의 이치가 아니겠는가."

《동경대전》〈논학문〉

나는 성품과 이치의 거울이요, 하늘과 땅의 거울이요, 예와 이제의 거울이요, 세계의 거울이요, 나는 성품과 이치의 한울이요, 하늘과 땅의 한울이요, 예와 이제의 한울이요, 세계의 한울이니, 내 마음은 곧 천지 만물 고금세계를 스스로 주재하는 한 조화옹造化翁이니라. 이러므로 마음 밖에 한울이 없고, 마음 밖에 이치가 없고, 마음 밖에 물건이 없고, 마음 밖에 조화가 없느니라.

《의암성사법설》〈무체법경 견성해見性解〉

3. 인간의 보편가치와 참모습

이 항목에서는 첫 번째 주제에서는 한울님의 현재적 현현顯現이며, 영적인 몸인 인간의 모습을 강조하는 구절로부터 시작한다. 이어 두 번째 주제에서는 마땅히 섬김을 받아야 할 성스런 존재로서의 인간의 가치를 드러내는 구절과 천도교의 종지宗旨인 '인내천人乃天'을 설명하는 여러 구절들을 모았다. 세 번째 주제에서는 성에 기초해서 여성을 차별해오던 전통적 관습 속에서도 불구하고 생활 속에서 남성과 마찬가지로 평등한 주인으로서의 여성의 지위를 지지하는 구절을 소개하고, 네 번째 주제에서는 계급과 신분의 차별을 넘어서 모든 인간이 한울님을 자기 안에 모시고 있다는 절대 평등성을 다루며, 마지막으로 한울님과 인간의 일치와 완전한 교류의 모습을 인간의 참모습으로 제시하고 있다.

1) 한울님의 현재적 현현顯現

신사神師(해월 최시형)께서 사람이 곧 한울님인 심법을 받으시고 향아설위向我設位(나를 향해 신위를 베풂)의 제사법을 정하시니, 이것은 우주의 정신이 곧 억조億兆의 정신인 것을 표명하심과 아울러 다시 억조의 정신이 곧 내 한 개체의 정신인 것을 밝게 정하신 것이니라.　　　　　　　　　《의암성사법설》〈성령출세설性靈出世說〉

너는 반드시 한울이 한울된 것이니, 어찌 영성이 없겠느냐.

영靈은 반드시 영이 영된 것이니, 한울은 어디 있으며 너는 어디 있는가.

구하면 이것이요 생각하면 이것이니, 항상 있어 둘이 아니니라.

《의암성사법설》〈법문法文〉

2) 섬김 받아야 할 성스런 존재

사람이 바로 한울님이니 사람 섬기기를 한울님같이 하라. 내 제군들을 보니 스스로 잘난 체하는 자가 많으니 한심한 일이요, 도에서 이탈되는 사람도 이래서 생기니 슬픈 일이로다. 나도 또한 이런 마음이 있느니라. 이런 마음이 생기면 생길 수 있으나, 이런 마음을 감히 내지 않는 것은 한울님을 내 마음에 양養하지 못할까 두려워함이로다.　　　《해월신사법설》〈대인접물待人接物〉

도인의 집에 사람이 오거든 사람이 왔다 이르지 말고 한울님이 강림하셨다 이르라 하셨으니, 사람을 공경치 아니하고 귀신을 공경하여 무슨 실효가 있겠느냐. 어리석은 풍속에 귀신을 공경할 줄은 알되 사람은 천대하나니, 이것은 죽은 부모의 혼은 공경하되 산 부모는 천대함과 같으니라. 한울님이 사람을 떠나 따로 있지 않는지라, 사람을 버리고 한울님을 공경한다는 것은 물을 버리고 해갈解渴을 구하는 자와 같으니라.　　《해월신사법설》〈삼경三敬〉

3) 생활의 주인, 여성

"우리 도 안에서 부인 수도를 장려하는 것은 무슨 연고입니까?"

신사神師(해월 최시형)께서 "부인은 한 집안의 주인이니라. 음식을 만들고, 의복을 짓고, 아이를 기르고, 손님을 대접하고, 제사를 받드는 일을 부인이 감당하니, 주부가 만일 정성 없이 음식을 갖추면 한울님이 반드시 감응치 아니하는 것이요, 정성 없이 아이를 기르면 아이가 반드시 충실치 못하나니, 부인 수도는 우리 도의 근본이니라. 이제로부터 부인 도통道通이 많이 나리라."라고 대답하셨다.

《해월신사법설》〈부인수도婦人修道〉

4) 영성적 평등

같은 성령에 헤아릴 수 없는 큰 덕의 묘한 법이 대천대지大天大地의 각개 차별을 순히 화하여, 하늘에 솔개가 날고 못에 고기가 뛰는 것이니라.

그러나 사람은 만물 가운데 가장 신령한 자로 만기만상萬機萬相의 이치를 모두 한 몸에 갖추었으니, 사람의 성령은 이 대우주의 영성을 순연히 타고난 것임과 동시에 만고억조의 영성은 오직 하나의 계통으로서 이 세상의 사회적 정신이 된 것이니라.

《의암성사법설》〈성령출세설〉

"성인聖人과 범인凡人이 특히 차별이 있습니까?"

"한 나무에 꽃이 피니 꽃도 같은 색깔이요, 한 꼭지에 열매가 맺혔으니 열매 또한 같은 맛이라. 성품은 본래 한 근원이요, 마음은 본래 한 한울이요, 법은 본래 한 체이니 어찌 성인과 범인이 있으리오." 　　　　　　《의암성사법설》〈무체법경 성범설聖凡說〉

5) 한울님 안의 인간, 인간 안의 한울님

사람이 바로 한울님이요 한울님이 바로 사람이니, 사람 밖에 한울님이 없고 한울님 밖에 사람이 없느니라.

마음은 어느 곳에 있는가? 한울님에 있고, 한울님은 어느 곳에 있는가? 마음에 있느니라. 그러므로 마음이 곧 한울님이요 한울님이 곧 마음이니, 마음 밖에 한울님이 없고 한울님 밖에 마음이 없느니라. 한울님과 마음은 본래 둘이 아닌 것이니 마음과 한울님이 서로 화합해야 바로 시侍·정定·지知라 이를 수 있으니, 마음과 한울님이 서로 어기면 사람이 다 시천주侍天主라고 말할지라도 나는 시천주라고 이르지 않으리라.

《해월신사법설》〈천지인·귀신·음양〉

4. 삶, 선악, 운명

이 항목은 한울님과 인생의 목적에 관한 진리에 무지하여 집착·미움·악으로 현실을 그릇되게 살아감으로써 한울님으로부터 이탈, 단절되는 인생을 주제로 하여 시작한다. 두 번째 주제에서는

한울님의 현현체顯現體로서 한울님과 일치하여 살아감으로써 선과
자유를 누리며, 악과 이기성·탐욕으로부터 벗어난 삶을 소개한다.
세 번째 주제에서는 인생에서 겪는 화禍와 복福은 스스로의 마음이
짓게 되는 결과로써, 이기적이며 무지한 욕망과 감정으로부터 벗
어나 한울님의 본성에 따르면 화도 복으로 전환된다는 구절을 담
고 있다. 네 번째 주제에서는 인간 자아 안에서 늘 싸우는 선과
악의 두 상반된 의지의 갈등에 대해, 인간은 한울님의 본성과 진
리를 추구하고 따르는 삶의 지향을 통해 악을 다스리는 인간으로
전환되기를 권유하고 있으며, 나머지 주제들은 인생의 성쇠와 화
복은 고정된 현상이 아니라 순환하고 있는 것과, 당대에 그치는
육체적 삶의 제약을 넘어서 영원히 살아가는 인생의 본모습을 알
려주고 있다.

1) 본성에 위배되는 죽임의 삶

범인凡人은 내 성품을 내가 알지 못하고, 내 마음을 내가 알지
못하고, 내 도를 내가 알지 못하여, 마음을 쓰고 세상을 쓰는데 스
스로 외도外道를 쓰며 악을 행하고 패도를 행하며 정의가 아닌 것
을 행치 않는 바 없느니라. (중략)

고금의 현철賢哲이 다만 이 한마음으로 항시 쉬지 아니하고 오
래오래 끊기지 아니하며 천지 만물을 다 위위심爲爲心 위에 실었으
나, 범인은 위위심이 없어 다만 오늘 보는 것으로서 오늘 마음을
삼고, 또 내일 보는 것으로서 내일 마음을 삼아 방향을 알지 못하

고, 자기 천성의 소관 아님이 없으나 본성의 본래를 알지 못하고, 모든 일이 자기 마음의 소관 아님이 없으나 자기 마음의 용도를 알지 못하니, 이것이 이른바 범인의 마탈심魔奪心이니라. 성품은 본래 어질고 어리석음이 없으나, 그러나 마음을 쓰는 데 반드시 어질고 어리석음이 있느니라. (중략)

범인이 마탈심을 한 번 내면 한 몸이 반드시 망하고, 한 나라가 반드시 망하고, 한 세상이 반드시 망하고, 천지가 반드시 망하나니, 사람은 마탈심을 두지 말 것이요, 위위심을 잃지 말 것이니라.

《의암성사법설》〈무체법경 성범설〉

2) 본성에 일치하는 삶

사사로운 욕심을 끊고 사사로운 물건을 버리고 사사로운 영화를 잊은 뒤에라야, 기운이 모이고 신神이 모이어 환하게 깨달음이 있으리니, 길을 가면 발끝이 평탄한 곳을 가리키고 집에 있으면 신이 조용한 데 엉기고 자리에 앉으면 숨결이 고르고 편안하며 누우면 신이 그윽한 곳에 들어, 하루 종일 어리석은 듯하며 기운이 평정하고 심신心神이 청명하니라.   《해월신사법설》〈독공篤工〉

성품은 어질고 어리석음이 없고, 마음도 어질고 어리석음이 없고, 몸도 어질고 어리석음이 없으나, 그러나 다만 이 마음을 쓰는 데 작은 차별이 있으니 성인은 내 성품을 물들이지 아니하고, 내 마음을 변치 아니하고, 내 도를 게으르게 하지 않는지라, 마음을

쓰고 세상을 쓰는 데 하나라도 거리낌이 없으며, 마음을 지켜서
도를 쓰는 데 선이 아니면 행치 아니하며, 바른 것이 아니면 쓰지
아니하며, 옳은 것이 아니면 행치 아니하며, 밝은 것이 아니면 하
지 아니하느니라. (중략)

성인의 위위심爲爲心은 곧 자리심自利心(스스로 이롭게 되는 마음)
이니 자리심이 생기면 이타심利他心이 저절로 생기고, 이타심이 생
기면 공화심共和心이 저절로 생기고, 공화심이 생기면 자유심自由心
이 저절로 생기고, 자유심이 생기면 극락심極樂心이 저절로 생기느
니라.   《의암성사법설》〈무체법경 성범설〉

3) 화禍와 복福

비유하건대 같은 불이로되 그 씀에 의하여 선악이 되고, 같은
물이로되 그 씀에 의하여 이해利害가 다름과 같이, 같은 마음이로
되 마음이 이치에 합하여 마음이 화和하고 기운이 화하게 되면
한울님 마음을 거느리게 되고, 마음이 감정에 흐르면 마음이 너
그럽지 못하고 좁아 몹시 여유가 없어 모든 악한 행위가 여기서
생기는 것이니라. 그러므로 도 닦는 자 한울님 마음으로써 항상
사람의 마음을 억제하여, 마차 부리는 사람이 용마勇馬를 잘 거느
림과 같이 그 씀이 옳으면 화禍가 바뀌어 복福이 되고 재앙이 변
하여 경사롭고 길하게 될 수 있느니라.

《해월신사법설》〈이심치심以心治心〉

지금에 어리석은 풍속이 산에 빌며 물에 빌어 복을 비는 자 또한 기이한 증험이 없지 아니하나니, 이것은 천지의 영묘가 어느 곳에든지 비추지 아니한 바 없느니라.

그러나 저 잡신을 위하는 자가 화를 면하고 복을 받고자 함은 잘못 아는 것이니, 화와 복은 결코 저기에서 오는 것이 아니요, 전혀 자기 마음의 짓는 바니라.

화와 복이 마음으로부터 생기고 마음으로부터 멸하나니 이는 한울님의 권능이니라.　　　　　　　　　　　　　《해월신사법설》〈기타〉

4) 선과 악, 그리고 운명

묻기를 "한울님 마음이 곧 사람의 마음이라면 어찌하여 선악이 있습니까?" 하였다.

대답하기를 "그 사람의 귀천의 다름을 명命하고 그 사람의 고락의 이치를 정했으나, 그러나 군자의 덕은 기운이 바르고 마음이 정해져 있으므로 천지와 더불어 그 덕에 합일하고 소인의 덕은 기운이 바르지 못하고 마음이 옮기므로 천지와 더불어 그 명에 어기나니, 이것이 성쇠의 이치가 아니겠는가." 하셨다.　　　　《동경대전》〈논학문〉

사람이 공기를 마시고 만물을 먹는 것은 이는 한울님으로써 한울님을 기르는 까닭이니라.

무엇이든지 도 아님이 없으며 한울님 아님이 없는지라, 각각 순응이 있고 서로 화합함이 있어 우주의 이치가 이에 순히 행하나

니, 사람이 이를 따르는 것이 곧 바른 것이요, 이를 거스리는 것이
곧 악이니라.   《해월신사법설》〈기타〉

5) 순환하는 운명

부하고 귀한 사람

이전 시절 빈천이요

빈하고 천한 사람

오는 시절 부귀로세.

천운이 순환하사

무왕불복無往不復하시나니14)

그러나 이 내 집은

적선적덕積善積德하는 공功은15)

자전자시自前自是 고연固然이라16)

여경餘慶인들 없을쏘냐.17)

《용담유사》〈교훈가〉

6) 영원한 우주적 삶

임규호任奎鎬가 "나를 향하여 위位를 베푸는 이치는 어떤 연고입
니까?"라고 물었다.

---

14) 간 것은 이내 돌아오지 않음이 없다 하시나니
15) 선과 덕을 쌓는 공은
16) 예로부터 본래 그러했느니라.
17) 후대에 경사인들 없을쏘냐.

신사神師(해월 최시형)께서 대답하셨다. "나의 부모는 첫 조상으로부터 몇 만 대에 이르도록 혈기를 계승하여 나에게 이른 것이요, 또 부모의 심령은 한울님으로부터 몇 만 대를 이어 나에게 이른 것이니 부모가 죽은 뒤에도 혈기는 나에게 남아 있는 것이요, 심령과 정신도 나에게 남아 있는 것이니라."

《해월신사법설》〈향아설위向我設位〉

신사神師(해월 최시형)께서 사람이 곧 한울님인 심법을 받으시고 향아설위向我設位의 제사법을 정하시니 이것은 우주의 정신이 곧 억조億兆의 정신인 것을 표명하심과 아울러, 다시 억조의 정신이 곧 내 한 개체의 정신인 것을 밝게 정하신 것이니라.

이를 한층 뜻을 좁히어 말하면 전대前代 억조의 정령精靈은 후대 억조의 정령이 된다는 점에서, 조상의 정령은 자손의 정령과 같이 융합하여 표현되고, 선사先師의 정령은 후학의 정령과 같이 융합하여 영원히 세상에 나타나서 활동함이 있는 것이니라.

《의암성사법설》〈성령출세설〉

5. 죽음과 성령性靈

육체적 삶이 끝난 후에 또 다른 인간의 양태인 영혼으로 존재하는 사후의 삶을 인정하는 것은 육체보다 영혼이 더욱 인간의 정체에 본질적이라는 점을 긍정하는 것이다. 경전에서는 개인의 성령은 한울님 성령의 한 개체적 작용으로 묘사한다. 세계와 인간은 한울님 영기靈氣 활동의 표현일 뿐이다.

이 항목에서는 첫 번째로 삶과 죽음의 차이를 한울님 영기가 몸에서 작용하느냐의 여부로서 설명함으로써, 죽음은 끝이 아니라 자기 본래의 근원으로 돌아가는 환원의 삶인 것을 깨우치는 것으로부터 시작한다. 죽음은 영적인 삶이다. 다음으로 영생의 원리를 알아본다. 어떻게 육체는 죽는데 성령은 살아가는가? 한울님의 성령을 순연히 타고난 인간의 성령은 우주 만물의 정신과 일체로써, 영원히 세상과 함께 활동하며 불멸한다는 구절이 두 번째 주제이다. 세 번째 주제에서는 천지 만물이 본래 하나의 성령임을 가르치는 구절을 포함한다.

1) 삶과 죽음

한울님이 간섭하지 않으면 고요한 한 물건 덩어리니 이것을 죽었다고 하는 것이요, 한울님이 항상 간섭하면 지혜로운 한 영물靈物이니 이것을 살았다고 말하는 것이라. 사람의 일동일정一動一靜이 어찌 한울님의 시키는 바가 아니겠는가. 부지런하고 부지런하여 힘써 행하면 한울님이 감동하고 땅이 응하여 감히 통하게 되는 것은 한울님이 아니고 무엇이리오.　　　　《해월신사법설》〈도결〉

사람이 모신 한울님의 영기가 있으면 산 것이요, 그렇지 아니하면 죽은 것이니라. 죽은 사람 입에 한 숟갈 밥을 드리고 기다려도 능히 한 알 밥이라도 먹지 못하는 것이니 이는 한울님이 이미 사람의 몸 안에서 떠난 것이니라. 그러므로 능히 먹을 생각과 먹을 기운을 내지 못하는 것이니, 이것은 한울님이 능히 감응하시지 않는 이치니라.   《해월신사법설》〈향아설위〉

2) 성령의 불멸성

천지 만물은 한가지로 순응하여 시대 억조와 같이 진화하므로, 그 심법은 결코 인간을 떠난 것이 아니요, 전부 세간과 합치된 것이요 세간에 나타난 것이니라.

내가 일찍이 양산梁山 통도사通度寺에서 수련할 때에 활연히 "옛적에 이곳을 보았더니 오늘 또 보는구나." 하는 시 한 구를 불렀으니, 이것은 대신사大神師(최제우)의 옛적과 나의 오늘이 성령상 같은 심법임을 말한 것이니라.

대신사는 이미 성령으로 출세하셨으니 일체의 물건마다 마음마다 모두 이 성령의 출세한 표현이 아님이 없는 것이니라.

그러나 우리 사람이 이를 깨닫고 깨닫지 못하는 바는 전혀 성령을 수련하고 수련치 않는 데 관계한 것이니, 만약 우리가 각각 대신사의 심법을 받아 성령 수련한 결과가 하루아침에 환한 경지에 이르면, 이에 대신사의 심법이 일체 우주의 심법임을 깨닫고 따라서 자기의 성령이 곧 대신사의 성령임을 깨달을 것이니, 불생불멸하고 무루무증無漏無增(순수 청정한 구극의 경지)한 것은 이것이 큰

성령의 근본적 출세이니라.　　　《의암성사법설》〈성령출세설〉

3) 성령과 세계

　우리 사람이 태어난 것은 한울님의 영기靈氣를 모시고 태어난
것이요, 우리 사람이 사는 것도 또한 한울님의 영기를 모시고 사
는 것이니, 어찌 반드시 사람만이 홀로 한울님을 모셨다 이르리오.
천지 만물이 다 한울님을 모시지 않은 것이 없느니라. 저 새소리
도 또한 시천주侍天主의 소리니라.

　우리 도의 뜻은 한울로써 한울을 먹고, 한울로써 한울을 화할
뿐이니라. 만물이 생겨나는 것은 이 마음과 이 기운을 받은 뒤에
라야 그 생성을 얻나니, 우주 만물이 모두 한 기운과 한 마음으로
꿰뚫어졌느니라.　　　　　　　　　《해월신사법설》〈영부·주문〉

6. 종교적 체험과 우주적 성화聖化

　이 항목은 한울님과의 합일, 또는 자아 초월과 실현 과정을 통
하여 얻는 종교적 체험을 다루는 구절을 모았다. 이는 제7항목에
서 언급할 인생의 목적을 완성하기 위한 선결 조건이기도 하다.

　한울님의 본성에서부터 일탈된 삶을 살아가는 인간들은 육체
적·정신적으로 질병과 불안에 휩싸여 있다. 첫째 주제로 한울님
과의 일치를 이룬 마음 상태에서 약을 쓰지 않고도 자연히 병을

다스리는 종교적 체험으로부터 시작한다. 육신의 건강은 마음의 건강과 밀접한 인과관계에 있음을 이해할 수 있다. 둘째 주제에서는 인간 본심에 자리 잡고 있는, 진리의 원천인 한울님의 깨달음에 관한 구절들이다. 깨달음은 마음속의 어둠과 무지를 추방하는 비약적 이해이며 빛이다. 세 번째 주제에서는 한울님과의 신비적 합일 상태를 묘사하고 있다. 합일의 경지는 일반적으로 동양 종교에서 구원의 최종 목표로 인식되고 있다. 네 번째 주제에서는 자아의 관념과 욕망, 집착으로부터 완전히 벗어난 인간이 경험하는 자기 초탈의 대자유 상태를 묘사한다. 그 자유는 한울님의 도를 벗어난 자유로 해석되어서는 안 된다.

1) 심화기화心和氣和와 치병治病

얻기도 어렵고 구하기도 어렵다
그러나 실제로 어려운 것이 아니다.
심화가 되고 기화가 되어서
이에 봄기운으로 화해지기를 기다리라.

《동경대전》〈제서題書〉

마음이 화和하고 기운이 화하면 한울님과 더불어 같이 화하리라. 궁弓은 바로 천궁天弓이요, 을은 바로 천을天乙이니 궁을弓乙은 우리 도의 부도符圖요 천지의 형체이니라. 그러므로 성인이 받으시어 천도를 행하시고 창생을 건지시니라.

태극은 현묘한 이치니 환하게 깨치면 이것이 만병통치의 영약靈藥이 되는 것이니라.

지금 사람들은 다만 약을 써서 병이 낫는 줄만 알고 마음을 다스리어 병이 낫는 것은 알지 못하니, 마음을 다스리지 아니하고 약을 쓰는 것이 어찌 병을 낫게 하는 이치이랴. 마음을 다스리지 아니하고 약을 먹는 것은 이는 한울님을 믿지 아니하고 약만 믿는 것이니라.

영부靈符

마음으로써 마음을 상하게 하면 마음으로써 병을 생기게 하는 것이요, 마음으로써 마음을 다스리면 마음으로써 병을 낫게 하는 것이니라. 이 이치를 만약 밝게 분별치 못하면 후학들이 깨닫기 어렵겠으므로, 논하여 말하니 만약 마음을 다스리어 심화기화心和氣和가 되면18) 냉수라도 약으로써 복용하지 않느니라.

《해월신사법설》〈영부·주문〉

우리 도에 영부靈符를 시험하여 병을 고침은 이는 즉 영의 하는

---

18) 마음이 화해지고 기운이 화해지면

일이니, 한울님이 능히 병을 생기게 하는 이치는 있고 어찌 병을 낫게 하는 이치가 없으리오. 온전하고 한결같은 정성과 믿음으로써 먼저 마음을 화하게 하고 또한 기운을 화하게 하면 자연의 감화로 온몸이 순히 화하나니, 모든 병이 약을 쓰지 않고도 저절로 낫는 것이 무엇이 신기하고 이상할 바리오. 그 실지를 구하면 한울님의 조화造化가 오직 자기 마음에 있느니라.

《해월신사법설》〈기타〉

2) 우주정신의 깨달음, 자천자각自天自覺

사람은 다 모셔져 있는 한울님이 있으니 그 성품을 보고 마음을 깨달음에 이르르는 하나이니라. 신사神師께서는 현묘하고 참된 두 사이에 계시어 성품의 한쪽은 불생불멸이요, 마음의 한쪽은 만세극락이니라.

사람의 성품을 깨닫는 것은 다만 자기 마음과 자기 정성에 있는 것이요, 한울님과 스승님의 권능에 있는 것이 아니니, 자기 마음을 자기가 깨달으면 몸이 바로 한울님이요 마음이 바로 한울님이나, 깨닫지 못하면 세상은 세상대로 사람은 사람대로이니라. 그러므로 성품 깨달은 사람을 천황씨天皇氏라 이르고, 깨닫지 못한 사람을 범인凡人이라 이르느니라.　　《의암성사법설》〈무체법경 신통고〉

그대가 자기 성품과 마음을 깨닫지 못하면, 비록 몸을 깨뜨려 티끌같이 할지라도 끝내 크게 이루지 못할 것이요, 그대가 자기의 성품이 스스로 크며 자기의 마음에 도가 있음을 알지 못하면, 비록 천 가지 경전을 만 번 읽어서 설득하더라도 반드시 분별치 못하리라.

도를 자기의 성품에서 구하고, 법을 자기 마음에서 구하라. 성품과 마음이 있는 곳은 저기도 아니요, 여기도 아니요, 위도 아니요, 아래도 아니요, 다만 내가 내게 있는 것이니라. 내 한울을 내 도로 하면 천도의 한량없는 것이 또한 내게 매었으니, 내가 높고 높음이 위도 없고 위도 없어 세 한울(삼천三天, 성품·마음·육신의 세 한울)의 위에 높이 있느니라. 《의암성사법설》〈후경〉

3) 천인합일天人合一의 신비

아이가 난 그 처음에 누가 성인聖人이 아니며, 누가 대인이 아니리오마는 뭇사람은 어리석고 어리석어 마음을 잊고 잃음이 많으나, 성인은 밝고 밝아 한울님 성품을 잃지 아니하고, 언제나 성품을 거느리며 한울님과 더불어 덕을 같이하고, 한울님과 더불어 같이 크고, 한울님과 더불어 같이 화하나니, 천지가 하는 바를 성인도 할 수 있느니라. 《해월신사법설》〈성인의 덕화〉

"어떤 것을 큰 도라 합니까?"

"큰 도는 한울도 아니요 땅도 아니요 산도 아니요 물도 아니요 사람도 아니요 귀신도 아니니, 생각하나 생각하는 것 같지 아니하고, 보나 보는 것 같지 아니하고, 말하나 말하는 것 같지 아니하고, 들으나 듣는 것 같지 아니하고, 앉으나 앉은 것 같지 아니하고, 서

나 선 것 같지 아니하여 변하지 않는 사이에 황연한 본래의 맑고
깨끗한 것이니라."

"큰 도가 여기서 그치나이까?"

"그 성품을 닦아 그 도를 얻은 사람은 진실로 지극히 다할 것이
나, 그러나 성품에서 마음이 생기면 몸은 청풍명월에 있고 집은
우주 강산에 있느니라. 천지를 나에게서 보면 나도 있고 세상도
있어 나와 나, 만물과 만물이 각각 그 천성을 이루며 각각 그 도를
지키며 각각 그 직분을 얻나니, 기쁜 나와 기쁜 만물이 어찌 극락
세계가 아니겠는가." 《의암성사법설》〈후경〉

그 셋째는 도의 본체를 확실히 인식하여, 신비한 한울의 계시문
은 어떤 인격으로 인하여 얻은 것이며, 신의 사랑과 신의 은혜는
어떤 인격을 좇아 베풀어진다는 참된 근본을 문득 깨달아, 이로써
내면의 정신을 함축하며 외면의 계기를 계시하여 천연적인 이상
한 빛이 스스로 나타나면 이것은 높은 덕이라.

한울님의 계시문도 그 사람의 입에 의하여 나타나며, 신의 사랑
과 신의 은혜도 그 사람의 손에 의하여 베풀어지므로 천인합덕天人
合德이라 말하느니라. 《의암성사법설》〈천도태원경 도道〉

4) 자아 초월과 대자유의 길

내 마음을 내가 지키어 잃지 아니하고, 굳게 하여 흐르게 아니
하면 내 마음이 자연히 해탈이 되나니, 만법만상이 일체 마음에

갖추어져서 일과 이치가 엇갈리지 아니하면 나와 한울님이 둘이 아니요, 성품과 마음이 둘이 아니요, 성인과 범인이 둘이 아니요, 나와 세상이 둘이 아니요, 삶과 죽음이 둘이 아니니라.

그러므로 참된 마음은 둘도 아니요 물들지도 아니하나니, 천체 天體를 스스로 쓰며 자신의 마음 바탕을 스스로 쓰며 나를 자유로 쓰느니라.　　　　　《의암성사법설》〈무체법경 진심불염眞心不染〉

7. 인생의 궁극적인 목적과 구원

인간은 한울님의 본성을 소유하므로 인생의 목적은 인간 본성의 실현 속에 있다. 인생의 목적은 세속적 목표를 초월하여 한울님과의 관계에서 이루어져야 할 하나의 이상이다. 인간의 최고의 가치들(진리, 자기 초월, 성聖, 행복, 섬김, 도덕의 완성)은 다름 아닌 인간 본성에 근거한 고귀한 열망이다. 따라서 삶의 목적은 가장 인간적인 본질을 실현하는 것으로 이해될 수 있다. 즉, 참된 인간은 인생을 통해 스스로 성화聖化됨으로써 숨겨진 한울님의 본성을 꽃피운다. 인간의 완성은 곧 인간의 성화이다.

성화된 인간은 이기적인 자아의식을 초월하여, 자신의 본질인 우주적 자아로 확장되어 육체에 속박된 자아를 해방시킴으로써 한울님과의 일치 속에 머문다. 경전에서는 한울님의 뜻과 진리를 섬기고 따르며, 일상 속에서 진리를 실현한 한울 사람으로 생활해

나가는 상태를 '거룩함에 도달한[至聖]' 자기 성화 상태로 표현한다. 따라서 인간의 구원은 밖에서 내려주는 것이라기보다는 인간 스스로의 노력에서부터 시작된다.

인생의 목적은 개인의 완성과 더불어 가정과 사회, 인류 대가족, 천지자연에서 우리가 떠맡아야 할 역할과 사명으로 확장된다. 경전은 사회적 도덕과 규범의 한계를 넘어서서 생명의 가치가 온 세상에 실현되도록 함으로써 가정과 사회, 그리고 자연계에 걸쳐 한울님과의 일치와 평화가 실현된 '지상의 한울나라'로 표현되는 최고의 이상을 인생의 목적으로 가져야 함을 가르치고 있다.

여기서는 첫 번째 주제로 개인의 최고의 목표이며 이상인 '지상의 한울 사람', 즉 현세에서의 성화와 완성을 다루며, 두 번째 주제에서는 이기적이며 현재의 자기중심적인 삶을 벗어나 온 우주의 생명과의 합일된 삶으로 나아가는 경천순리敬天順理(하늘을 공경하고 이치를 따름)의 삶을 다루며, 세 번째 주제에서는 일상 속에서 진리를 생활화함으로써 생활 속에서 한울님의 뜻을 실현하는 것으로 인생의 목적을 묘사한다. 네 번째 주제에서는 가정에서의 건강한 삶과 화합의 소중함을 소개하고 있으며, 다섯 번째 주제에서는 사회에서 자연계에 이르기까지 생명에 대한 공경과 평화의 이상을 가르치는 내용을 포함한다.

1) 지상의 한울 사람

그러므로 그 덕德(나의 본성을 이루는 한울님의 덕)을 밝고 밝게

하여 늘 생각하며 잊지 아니하면, 지극히 지기至氣에 화化하여 지
극한 성인聖人에 이르느니라. 《동경대전》〈논학문〉

시킨 대로 시행해서

차차차차 가르치면

무궁조화無窮造化 다 던지고

포덕천하布德天下할 것이니

차제도법次第道法 그뿐일세.

법을 정定코 글을 지어

입도入道한 세상 사람

그날부터 군자되어

무위이화無爲而化될 것이니

지상 신선地上神仙 네 아니냐.

《용담유사》〈교훈가〉

한울님은 편벽됨이 없으시어 천성을 거느리는 사람과 오직 친
하심이라. 한울님을 모시고 한울님대로 행함으로 이를 체천體天이
라 말하고, 나를 미루어 생각하여 남에게 미치므로 이를 도덕이라
말하느니라.

빛이 사방에 덮이니 만사에 맞게 흩어지고, 때를 따라 마땅함을
취하니 무릇 때에 맞는다 함이요, 때를 쓰는데 잘 처변하여 중도
를 잡아 잃지 아니함이요, 처음과 나중이 있으니 한 이치에 합하

는 것이로다. 이를 좇아보면 한울님과 도에 어찌 사이가 있으며 도와 사람이 어찌 멀다고 하겠는가. 잠시도 떠나지 못할 것이라는 것은 이를 말한 것이니라. 《의암성사법설》〈삼전론三戰論 서론序論〉

2) 각자위심各自爲心을 벗어난, 경천순리敬天順理의 참삶

장평갱졸長平坑卒 많은 사람
한울님을 우러러서
조화造化 중에 생겼으니
은덕은 고사하고
근본조차 잊을쏘냐.
가련한 세상 사람
각자위심各自爲心한단 말가
경천순천敬天順天하였어라.
효박한 이 세상에
불망기본不忘其本하였어라.[19]

《용담유사》〈권학가勸學歌〉

3) 진리의 생활화와 자아실현

그러므로 생각을 거듭하여 천박함을 무릅쓰고 타일러 말하여 손잡아 깨우쳐주노니, 진심으로 행하여 그 근본을 찾아 그 근본을 통달하고 그 근원을 밝히어 황연히 갓난아이의 마음을 회복하고

---

19) 그 근본을 잊지 못하였어라.

확실히 천지의 이치를 분별하면, 성철聖哲의 경지에 이르지 못함을
근심하지 않으리라. 《해월신사법설》〈도결〉

도는 높고 멀어 행하기 어려운 곳에 있는 것이 아니라 일용행사
日用行事가 다 도 아님이 없나니, 천지신명이 만물과 더불어 차차
옮겨 나가는지라, 그러므로 정성이 지극하면 한울님이 감동하니
여러분은 남이 알지 못함을 근심하지 말고 오직 일에 처하는 도를
통하지 못함을 근심하라. 《해월신사법설》〈기타〉

4) 가정의 구원, 건강과 화합

일일시시日日時時 먹는 음식

성경誠敬 2자 지켜내어

한울님을 공경하면

자아시自兒時 있던 신병[20]

물약자효勿藥自效 아닐런가.[21]

가중차제家中次第 우환 없이[22]

일 년 삼백육십 일을

일조一朝같이 지내가니

천우신조天佑神助 아닐런가.

차차차차 중험하니

---

20) 어릴 때부터 있던 신병
21) 약 쓰지 않고 저절로 낫지 아닐런가.
22) 일상생활 우환 없이

윤회시운輪廻時運 분명하다.[23)]

어화 세상 사람들아

이내 경계하는 말씀

세세명찰細細明察하온 후에[24)]

잊지 말고 지켜내어

성지우성誠之又誠 공경해서[25)]

한울님만 생각하소.

《용담유사》〈권학가〉

5) 세계의 성화聖化, 지상의 한울나라

말이 반드시 바르면 한울도 또한 바를 것이요, 말이 반드시 바르면 세상도 또한 바를 것이요, 말이 반드시 바르면 나라도 또한 바를 것이요, 말이 반드시 바르면 사람마다 반드시 바를 것이니라.

천지가 바르면 만물이 자라고, 세계가 바르면 전쟁이 반드시 그치고, 국가가 바르면 인민이 복을 누리고, 사람사람이 반드시 바르면 천하가 극락이 되리니, 어찌 오늘의 잠잠한 것이 후일에 많은 말이 될 줄을 알겠는가.

나는 천체공법天體公法을 써서 아름답고 거룩한 한울님 마음에 맞게 하노라.   《의암성사법설》〈무체법경 극락설極樂說〉

---

23) 돌고 도는 운수 분명하다.
24) 세세히 밝게 살펴한 후에
25) 정성을 다해 공경해서

제5장

수행

천성산千聖山에서 하늘에 기도를 올리는 수운대신사

이 장에서는 경전에 나타나는 수행과 관련한 구체적 가르침, 수행자의 자세와 실천적 요구, 수행의 목표와 단계 등을 설명하는 구절들을 다룬다.

경전에서는 현대 인류가 총체적인 문화·문명 전환점의 임계점臨界點을 지나고 있다고 알려준다. 그 가르침은 온 인류와 천지 만물이 함께 새롭게 개벽되어, 영적 인간·영적 문명으로 대진화할 것을 요구한다.

여기서 다루는 수행의 가르침은 궁극적으로 새로운 인간, 새로운 세계로 성숙·승화되기 위한 목표를 가진다. 그것이 진정한 인간다운 삶과 행복하고자 하려는 욕구를 충족시킬 수 있기 때문이다.

행복을 실현시키기 위한 수행의 첫걸음은 새로운 인식으로부터 시작된다. 자기 안에 신령한 우주 생명이신 한울님이 내재해 있다는 자각과 나와 세계 만물은 한울님의 거룩한 현현체顯現體로서, 거대한 하나의 통일된 몸이라는 인식을 받아들이는 믿음이 바른 수행의 첫 단계이다. 그로부터 수행자는 한울님의 마음과 기운을 회복하고자 하는 방법을 찾아 나서고, 자아실현을 위한 효과적 노력을 다하게 된다. 그것이 수행의 핵심이며 본질이다.

진정한 수행이 한울님의 마음과 뜻에 일치하여 살아가는 과정이라면, 한울님과 진리를 자기화하는 자아실현의 삶은 어떤 모습으로 드러날까? 경전에서는 다음의 세 가지 이상적 삶의 모습을 알려준다.

자기의 주인공인 성령性靈이 항상 밝게 깨어 있어, 한울님이 자

기를 통해 살아가시도록 한울님에게 열려 있는 삶, 인간뿐 아니라
천지 생명체를 대함에 부모에게 효도하고 봉양하듯, 생명을 섬기
는 삶, 또한 자기는 사라지고 오직 한울님, 천지 만물과 하나 되어
가는 삶이 그것이다.

　또한 경전에서는 한울님의 본성과 뜻에 일치하기 위한 바른길
을 가르치는데 그것은 믿음과 공경, 정성의 세 가지 길이다. 그러
면 어떤 효율적 방법을 통해서 한울님께 다가갈 것인가? 내적 생
명력의 충만함 그리고 무의식적 습관을 떨쳐버리는 깨어 있는 영
혼을 위해 주문염송呪文念誦, 심고心告, 관법觀法 그리고 경전 연구의
방법을 소개하고 있다. 경전에서는 수행을 말할 때, 일상성과 현실
성을 떼어놓고 얘기하지 않는다. 한울님은 일상 현실의 삶 속에서
스스로를 표현하고 계시기 때문이다. 매일매일 반복되는 일상적
삶 속에서, 지금 이 자리에서 진리는 실천되어야 한다. 그렇지 않
으면 위선적인 수행이 되고 만다. '수도의 생활화', '수도의 일상화'
를 통해 현실을 성화시켜 나갈 것을 가르친다.

　수행자의 공부는 과연 어떤 단계에 있는지를 어떻게 알 수 있는
가? 경전에서는 즉각적이며 주관적인 깨달음의 전통과는 달리, 단
계적이며 구체적인 수행 단계를 설명하고 있어, 객관적 검증을 가
능케 하는 수행 과정을 설명하고 있다.

　강령降靈의 체험에서 시작하여, 초감각 세계와의 교류, 대화, 적
정寂靜의 상태에서 마음의 빛이 우주에 비추어 알지 못함이 없는
경지, 더 이상 인식의 주체와 대상이 없어지는 절대 합일의 경지,

한울님의 마음 자체로 살아가는 대자유의 삶으로 구체화하여 설명하고 있다.

마지막 항목에서는 시천주侍天主의 자각으로부터, 양천주養天主의 생명 살림으로, 더 나아가 체천주體天主로의 영적 성장과 사회적 성화로 승화하는 수행의 목표를 설명한다.

경전을 통해 우리는 인간의 삶을 보다 인간답고, 행복하게 하기 위한 여러 다양한 수행 방법과 길이 있음을 배운다.

수행에 있어 완전함과 완성된 끝은 없다. 무궁한 한울님의 본성과 뜻을 내 삶 안에서 실현해가는 끝없는 '과정'이 수행이다. 이러한 자기 실현 과정에서 나타나는 종교적 체험과 깨달음은 수행의 끝이 아니라, 보다 원만한 인격과 성숙된 영혼으로 나아가는 계기일 뿐이다.

따라서 수행에서 강조되어야 할 것은 방법론보다는 일상 속에서의 삶의 자세이다. 항상 참되고 진실한 마음으로 깨어 있어, 모든 이웃, 만물과 더불어 화해하고, 성誠·경敬·신信의 자세를 생활화하는 정진의 태도가 그것이다.

1. 삶의 성화聖化, 진리의 삶

이 항목에서는 수행자의 이상적 삶, 즉 성화된 삶의 모습을 소개하고 있다.

삶의 참모습을 바르게 이해하는 사람은 이 세계가 한울님의 현현체顯現體로서, 거룩한 하나의 몸인 것을 알아, 더불어 사는 성화된 삶을 살아간다. 그는 한울님, 세계, 인간의 분리 의식을 넘어서서 통일적인 삶을 살아간다. 삶의 바다는 거룩하고, 광활하며, 무한히 깊다. 일시적으로 드러나는 현상세계의 겉모습을 보고 판단하지 않고, 거기에 사로잡히지 않는다.

어떻게 사는 것이 한울님의 마음에 일치하여 살아가는 진정한 수행자의 삶인가?

여기서는 먼저 자기 안에 지니고 있는 한울님의 덕을 매일의 생활 속에서 밝히고, 키워나가는 수행자의 자세를 묘사하는 구절을 소개하고 있다. 이어서 인간과 전 생명계를 살리는, 한울님의 덕을 실천하는 성화된 삶의 모습을 세 가지 주제로 설명한다.

진정한 수행자는 한울님의 뜻과 생명의 원리를 자신의 삶 안에서 실현한다. 매사에 육체적 욕망을 넘어서서, 자신의 진정한 주인공인 성령性靈이 항상 밝게 깨어 있는 삶을 산다. 한울님이 자신을 통해 살아가시도록 자기를 열어놓는 삶의 모습을 보여준다. 또한 성화된 삶의 두 번째 모습은 생명 공경의 삶으로 묘사되고 있다. 수도의 최고 경지이며, 또한 무극대도의 실천 윤리의 핵심은 경천敬天, 경인敬人과 더불어 경물敬物에 있다. 천지 생명체를 살아 계신 부모에게 효도하고, 봉양하듯 '섬기는' 삶의 실천이야말로 수행의 이상이며, 극치이다.

마지막으로 소개하는 이상적 수행자의 삶은 나와 너, 나와 천지 만물, 생과 사가 오직 하나인 것을 알아, 나는 사라지고 한울님에게 온전히 맡기는, 한울님과 하나 된 삶이다.

1) 생활 속의 수행과 영적 성숙

마음은 본래 비어서 물건에 응하여도 자취가 없는 것이니라.
마음을 닦아야 덕을 알고, 덕을 오직 밝히는 것이 도니라.
덕에 있고 사람에게 있는 것이 아니요, 믿음에 있고 공부에 있는 것이 아니요, 가까운 데 있고 멀리 있는 것이 아니요, 정성에 있고 구하는 데 있는 것이 아니니, 그렇지 않은 듯하나 그러하고 먼 듯하나 멀지 아니하니라.   《동경대전》〈탄도유심급歎道儒心急〉

도란 것은 사람이 한갓 지켜서 사업만 할 뿐 아니라 진리를 온전히 체득하여 어김이 없게 함이니, 어찌 삼가지 아니하리오.
사람이 세상에 태어남에 한울 성품으로 말미암지 아니함이 없건마는 능히 그 성품을 거느리는 이가 적고, 누구나 집에서 살지 않는 이가 없건마는 그 집을 잘 다스리는 이가 적으니, 어찌 민망치 아니하리오.
성품을 거느리니 한울님이 있고 집을 다스리니 도가 있는지라, 어찌 한울님과 도가 멀다 하리오.
그러므로 한울님은 만물을 낳고 도는 일을 낳나니, 어찌 물物과 일이 또한 멀다 하리오. 물은 일을 낳고 일은 먹는 것을 낳는지라, 어찌 일과 다만 밥을 또한 멀다 하여 어길 바리오. 이러므로 한울님이 없으면 생함이 없고, 생함이 없으면 먹는 바 없고, 먹는 바 없으면 일이 없고, 일이 없으면 도가 없을지니라.

《의암성사법설》〈권도문權道文〉

2) 성령性靈 주체의 삶

몸은 심령心靈의 집이요 심령은 몸의 주인이니, 심령이 있음은 일신一身이 안정되는 것이요, 욕념이 있음은 일신이 요란되는 것이니라.

심령은 오직 한울님이니, 높아서 위가 없고 커서 끝이 없으며, 신령하고 호탕하며 일에 임하여 밝게 알고 물건을 대함에 공손하니라. 생각을 하면 한울 이치를 얻을 것이요 생각을 하지 않으면 많은 이치를 얻지 못할 것이니, 심령이 생각하는 것이요 육관六官(눈·귀·코·혀·몸·의지란 뜻으로 대상을 감각, 인식하는 기관)으로 생각하는 것이 아니니라. 심령으로 그 심령을 밝히면 현묘한 이치와 무궁한 조화를 쓸 수 있으니, 쓰면 우주 사이에 차고 폐廢하면 한 쌀알 가운데도 감추어지느니라. (중략)

넓고 큰 집이 천 간이라도 주인이 잘 보호치 않으면 그 기둥과 들보가 비바람에 무너지나니 어찌 두렵지 않으랴.

《해월신사법설》〈수심정기守心正氣〉

육신은 백 년 사는 한 물체요, 성령은 천지가 시판始判하기 전에도 본래부터 있는 것이니라. 성령의 본체는 원원충충圓圓充充하여 나지도 아니하며, 멸하지도 아니하며, 더하지도 않고, 덜하지도 않는 것이니라. 성령은 곧 사람의 영원한 주체요, 육신은 곧 사람의 한때의 객체니라. 만약 주체로서 주장을 삼으면 영원히 복록을 받을 것이요, 객체로서 주장을 삼으면 모든 일이 재화災禍에 가까우니라. 《의암성사법설》〈이신환성설以身換性說〉

3) 섬김의 삶

우리 스승님의 대도종지大道宗旨는 첫째는 천지 섬기기를 부모 섬기는 것과 같이 하는 도道요, 둘째 식고食告는 살아 계신 부모를 효양孝養하는 이치와 같은 것이니 내수도內修道를 힘쓰지 않겠는가. 식고의 이치를 잘 알면 도통이 그 가운데 있다는 것이 이것이니라.

지금은 그렇지 아니하여 스승님의 도를 배반하고 한울님의 마음을 어기고 한울님의 이치를 업신여기면서 말하기를 도를 닦는다고 하니, 천우신조는 오히려 말할 것도 없고 한울님이 내리는 꾸지람을 받을 것이 명약관화한지라. 이제 우리 도인은 이미 천지 부모를 길이 모시는 도를 받았으나, 처음에 부모의 도로써 효경孝敬하다가 나중에 보통 길 가는 사람으로서 대접하면 그 부모의 마음이 어찌 편안할 수 있으며, 그 자식이 어버이를 배반하고 어버이를 잊어버리고 어디로 가겠는가. 《해월신사법설》〈도결〉

4) 하나 됨의 삶

왜 그런가. 무릇 사람은 천명을 순히 하고 천리를 보존해야 하느니라. 그러므로 한울법에 응하여 사람의 일을 만드는 것이니, 오직 큰 지혜는 품부한 것이 완전하므로 확실히 내게 맡겨진 명命을 알아 능히 한울법을 지키는 것이요, 그 다음은 배워서 아는 것이니 비록 먼저 깨닫고 뒤에 깨닫는 차이가 있다 할지라도 그 이르는 데 미쳐서는 그 뜻을 투득透得할 것이요, 그 다음은 비록 혹 고심하여 얻는다 할지라도 배우고 익히며 힘써 행하면 성품을 거느리는 경지에 이르나니, 사람마다 각기 한울법을 알아 어기지 말 것이니라.   《의암성사법설》〈명리전明理傳 명언천법장明言天法章〉

2. 수행의 길과 자아완성

이 항목은 자아완성을 위한 수행의 세 가지 길을 소개하고 있다. 한울님의 밝은 덕은 만유를 화생시키고 또 살아가게 한다. 이러한 한울님은 덕과 의지와 섭리의 세 가지 측면으로 스스로를 우리에게 드러내신다. 수행은 바로 이러한 한울님의 본성과 뜻에 일치하기 위한 바른길을 찾고, 익히고, 실천하는 노력의 총체이다. 자신 안에 밝혀져 있는 빛과 지혜, 덕을 회복하기 위한 수행은 자기 스스로의 책임 아래 이루어져야 한다. 여기서는 수행의 세 가지 길을 다룬다.

첫째, 한울님의 참모습을 찾는 바른 태도의 출발점이자 바른 수행의 기초로서 믿음의 중요성을 가르친다. 자기 안에 무궁한 우주 생명이신 한울님이 이미 모셔져 있음을 믿는 것은 모든 윤리와 신앙의 근거가 된다. 지혜로운 믿음이란 자신이 한울님과 본래 하나임을 믿는 것, 그리하여 자기 안의 무궁한 가능성을 믿는 것이다.

둘째, 인간성 회복과 이기심의 극복을 성취해야 할 수행자는 일체의 생명을 공경하는, 경건한 삶을 실현해나가야 한다. 공경은 일체 만물에 대한 감사와 헌신, 사랑의 마음으로서, 한울님이 주시는 큰 덕을 생활 속에서 익히는 첩경이다.

셋째, 한울님은 우리가 한울 사람으로, 또한 한울 나라를 이 땅에 실현하며 살아가기를 원하신다. 정성스런 실천의 삶은 한울님의 뜻과 섭리를 실현하는 길이요, 도덕의 열매이다. 정성의 길은 순일한 마음으로, 쉼 없이 정진하는 실천의 길이다.

마지막 주제는 한울님의 성품과 뜻에 일치하여, 자아완성을 이루려는 수행자는 위의 세 가지 길을 통일적으로 닦아 나가야 함을 가르친다. 위에 소개한 세 가지 길은 자아완성의 정점인 지극히 성스러운 상태에 이를 수 있는 수행의 원동력이라 할 수 있다.

1) 올바른 믿음의 길

비록 그러하나 도성덕립道成德立이 되는 것은 정성에 있고 사람에 달렸느니라. 혹은 떠도는 말을 듣고 닦으며 혹은 떠도는 주문을 듣고 외우니, 어찌 그릇된 일이 아니며 어찌 민망한 일이 아니겠는가.

안타까운 나의 심정은 날로 간절치 않은 날이 없고, 빛나는 거룩한 덕에 혹 그르침이 있을까 두려워하노라. 이것은 또한 직접 만나지 못한 탓이요, 사람이 많은 까닭이라. 먼 곳에서도 서로 마음과 마음은 비치어 응하지만 또한 그리운 회포를 이기지 못하겠고, 가까이 만나서 정회를 펴고자 하나 반드시 지목받을 혐의가 없지 아니하므로 이 글을 지어 펴서 보이니, 어진 그대들은 삼가 나의 말을 들을지어다.

대저 이 도는 마음으로 믿고 정성을 다해야 되느니라. 믿을 신信자를 풀어보면 사람의 말이라는 뜻이니 사람의 말 가운데는 옳고 그름이 있는데, 그중에서 옳은 말은 취하고 그른 말은 버리어 거듭 생각하여 마음을 정하라. 한 번 작정한 뒤에는 다른 말을 믿지 않는 것이 믿음이니 이와 같이 닦아야 마침내 그 정성을 이루느니라. 정성과 믿음이여, 그 이치가 멀지 아니하니라. 사람의 말로 이루었으니 먼저 믿고 뒤에 정성을 다하라. 내 지금 밝게 가르치니 어찌 미더운 말이 아니겠는가. 경건하고 성실하게 훈계의 말을 어기지 말지어다.　　　　　《동경대전》〈수덕문修德文〉

인의예지도 믿음이 아니면 행하지 못하고 금·목·수·화도 토가 아니면 이루지 못하나니, 사람의 믿음 있는 것이 오행의 토가 있음과 같으니라. 억천만사가 도무지 믿을 신信 한 자뿐이니라.

사람의 믿음이 없음은 수레의 바퀴 없음과 같으니라. 믿을 신信한 자는 비록 부모형제라도 변통하기 어려운 것이니라. 경에 말씀하시기를 "대장부 의기범절義氣凡節 신信 없으면 어디 나며" 하신 것이 이것이니라. 마음을 믿는 것은 곧 한울님을 믿는 것이요, 한울님을 믿는 것은 곧 마음을 믿는 것이니, 사람이 믿는 마음이 없으면 한 등신이요, 한 밥주머니일 뿐이니라.

사람이 혹 정성은 있으나 믿음이 없고, 믿음은 있으나 정성이 없으니 탄식할 일이로다. 사람이 닦고 행할 것은 먼저 믿고 그 다음에 정성 드리는 것이니, 만약 실지의 믿음이 없으면 헛된 정성을 면치 못하는 것이니라. 마음으로 믿으면 정성 공경은 자연히 그 가운데 있느니라. 《해월신사법설》〈성·경·신〉

2) 경건한 공경의 길

내 마음을 공경치 않는 것은 천지를 공경치 않는 것이요, 내 마음이 편안치 않은 것은 천지가 편안치 않은 것이니라. 내 마음을 공경치 아니하고 내 마음을 편안치 못하게 하는 것은 천지부모天地父母에게 오래도록 순종치 않는 것이니, 이는 불효한 일과 다름이 없느니라. 천지부모의 뜻을 거슬리는 것은 불효가 이에서 더 큰 것이 없으니 경계하고 삼가라. 《해월신사법설》〈수심정기〉

사람마다 마음을 공경하면 기혈氣血이 크게 화하고, 사람마다 사람을 공경하면 많은 사람이 와서 모이고, 사람마다 만물을 공경하면 만상이 거동하여 오니, 거룩하다 공경하고 공경함이여!

우주에 가득 찬 것은 모두가 혼원渾元한 한 기운이니, 한 걸음이라도 감히 경솔하게 걷지 못할 것이니라. 내가 한가히 있을 때에

한 어린이가 나막신을 신고 빠르게 앞을 지나니, 그 소리에 땅이
울리어 놀라서 일어나 가슴을 어루만지며, "그 어린이의 나막신
소리에 내 가슴이 아프더라."고 말했었노라. 땅을 소중히 여기기를
어머님의 살같이 하라. 어머님의 살이 중한가 버선이 중한가. 이
이치를 바로 알고 공경하고 두려워하는 마음으로 체행하면, 아무
리 큰비가 내려도 신발이 조금도 젖지 아니할 것이니라.

《해월신사법설》〈성 · 경 · 신〉

3) 실천적인 정성의 길

우리 도는 다만 성誠 · 경敬 · 신信 세 글자에 있느니라. 만일 큰
덕이 아니면 실로 실천하고 행하기 어려운 것이요, 과연 성 · 경 ·
신에 능하면 성인聖人되기가 손바닥 뒤집기 같으니라. (중략)

순일純一한 것을 정성이라 이르고 쉬지 않는 것을 정성이라 이
르나니, 이 순일하고 쉬지 않는 정성으로 천지와 더불어 법도를
같이하고 운을 같이하면 대성大聖 · 대인大人이라고 이를 수 있느
니라.

《해월신사법설》〈성 · 경 · 신〉

4) 성誠 · 경敬 · 신信의 일치와 자아완성

어질고 어진 벗은

매몰한 이내 사람

부디부디 갈지 말고

성경誠敬 2자 지켜내어

차차차차 닦아내면

무극대도無極大道 아닐런가.

시호시호時乎時乎 그때 오면

도성입덕道成立德 아닐런가.

《용담유사》〈도수사道修詞〉

　우리 수운 대선생(최제우)께서는 정성에 능하고 공경에 능하고 믿음에 능하신 큰 성인이셨다. 정성이 한울님에 이르러 천명을 계승하시었고, 공경이 한울님에 이르러 조용히 천어天語를 들으시었고, 믿음이 한울님에 이르러 묵계가 한울님과 합하셨으니, 이에 큰 성인이 되신 것이니라.　　　　《해월신사법설》〈성·경·신〉

3. 수행의 방법

　이 항목에서는 천도교의 독특한 수행 방법들을 설명한다. 여기에 소개된 방법들은 일상생활 속에서 자아실현·자아완성을 성취하기 위한 효율적이며, 다양하고 독창적인 방법들이다.

　우리는 효과적인 수행 방법을 통해서 끊임없는 자아실현의 욕구를 충족시키며, 진리를 깨닫고, 진리를 현실 속에서 구현하는 능력과 힘을 얻는다.

　첫 번째로 한울님을 지극히 섬기고 위하는 글인 주문염송법이 소개된다. 주문염송법은 마음에 일어나는 여러 장애물들을 깨끗이 제거해주며, 내 마음의 본래 성품인 한울님을 향하여 정신을 집중하게 하여, 영적 상승효과를 일으켜 한울님과의 일치와 합일을 성취시키는 명상법이다.

두 번째로 한울님과의 영적 교제와 직접적 감응을 실현하는 심고법心告法이 소개된다. 심고는 일상의 매사에 있어 한울님께 고하는 기도로서, 한울님의 현존을 잊지 않도록 하며, 한울님의 마음과 일치하도록 하는 경험의 시간을 갖게 한다.

세 번째로는 자기에게서 일어나는 모든 관념들에 집중하여 관찰하는 관법이 소개된다. 나와 한울님, 성품과 마음, 중생과 세계 등을 연상하면서 진행시키는 13관법을 인용한다.

네 번째로는 경전을 공부할 것을 권고하는 구절이다. 모든 종교의 경전이 그렇듯이 무궁한 진리 전체를 담을 수 없지만, 경전 안에는 한울님에 대한 바른 이해와 삶의 지혜, 진리를 담은 지식의 정수들이 담겨져 있다. 경전 연구를 기초로 하여, 만사의 도를 깨우치기 위한 이치 공부는 지혜로운 믿음의 토대가 된다.

1) 한울님을 지극히 섬기고 위하는 주문염송呪文念誦

내 또한 거의 한 해를 닦고 헤아려본즉, 또한 자연한 이치가 없지 아니하므로 일단 주문을 지었으며, 한편으로 강령의 법을 만들고, 한편은 한울님을 잊지 않는 글을 지으니, 절차와 도법이 오직 21자(동학의 주문 21자인 '至氣今至 願爲大降 侍天主 造化定 永世不忘 萬事

知를 말함)로 될 따름이니라.　　　　　《동경대전》〈논학문〉

　주문 삼칠자(위의 주문 21자)는 대우주·대정신·대생명을 그려낸 천서天書이니 '시천주 조화정侍天主造化定'은 만물 화생의 근본이요, '영세불망 만사지永世不忘萬事知'는 사람이 먹고 사는 녹祿의 원천이니라.　　　　　　　　　《해월신사법설》〈영부·주문〉

2) 한울님과의 직접적 감응을 위한 심고心告

　먹던 밥 새 밥에 섞지 말고, 먹던 국 새 국에 섞지 말고, 먹던 침채沈菜(김치) 새 침채에 섞지 말고, 먹던 반찬 새 반찬에 섞지 말고, 먹던 밥과 국과 침채와 장과 반찬 등절은 따로 두었다가 시장하거든 먹되, 고하지 말고 그저 "먹습니다." 하옵소서.

　조석할 때에 새 물에다 쌀 다섯 번 씻어 안치고, 밥해서 풀 때에 국이나 장이나 침채나 한 그릇 놓고 고하옵소서.

　금 난 그릇에 먹지 말고, 이 빠진 그릇에 먹지 말고, 살생하지 말고, 삼시를 부모님 제사와 같이 받드옵소서.

　일가 집이나 남의 집이나 무슨 볼일 있어 가거든 "무슨 볼일 있이 갑니다." 고하고, 볼일 보고 집에 올 때에 "무슨 볼일 보고 집에 갑니다." 고하고, 일가나 남이나 무엇이든지 줄 때에 "아무것 줍니다." 고하고, 일가나 남이나 무엇이든지 주거든 "아무것 받습니다." 고하옵소서.

　이 7조목을 하나도 잊지 말고 매사를 다 한울님께 고하오면, 병

과 윤감輪感(감기)을 아니하고, 악질과 장학瘴瘧을 아니하오며, 별
복鼈腹과 초학初瘧을 아니하오며, 간질癎疾과 풍병風病이라도 다 나
으리니, 부디 정성을 다하고 공경하고 믿어 하옵소서. 병도 나으려
니와 우선 대도大道를 속히 통할 것이니, 그리 알고 진심 봉행하옵
소서.   《해월신사법설》〈내수도문內修道文〉

　사람은 태어나는 것으로만 사람이 되지 못하고 오곡백과의 영
양을 받아서 사는 것이니라. 오곡은 천지의 젖이니 사람이 이 천
지의 젖을 먹고 영력靈力을 발휘케 하는 것이라.

　그러므로 한울님은 사람에 의지하고 사람은 먹는 데 의지하니,
이 한울님으로써 한울님을 먹는 원리에 따라 사는 우리 사람은 심
고心告로써 천지 만물의 서로 화합하고 통함을 얻는 것이 어찌 옳
지 아니하랴.   《해월신사법설》〈기타〉

　3) 관법觀法

　주문을 생각하여 보는 것과 감화함을 보는 것〔念呪觀　感化觀〕
　나를 없다고 보고 한울을 있다고 보는 것〔我無觀　天有觀〕
　나를 있다고 보고 한울을 없다고 보는 것〔我有觀　天無觀〕
　성품을 없다고 보고 마음을 있다고 보는 것〔性無觀　心有觀〕
　마음을 없다고 보고 성품을 있다고 보는 것〔心無觀　性有觀〕
　성품도 없다고 보고 마음도 없다고 보는 것〔性無觀　心無觀〕
　성품도 있다고 보고 마음도 있다고 보는 것〔性有觀　心有觀〕

나를 먼저 보고 한울을 뒤에 보는 것〔我先觀 天後觀〕

나도 있다고 보고 한울도 있다고 보는 것〔我有觀 天有觀〕

나도 있다고 보고 세계도 있다고 보는 것〔我有觀 物有觀〕

자유를 보고 자용을 보는 것〔自由觀 自用觀〕

중생을 보고 복록을 보는 것〔衆生觀 福祿觀〕

세계를 보고 극락을 보는 것〔世界觀 極樂觀〕

《의암성사법설》〈십삼관법十三觀法〉

4) 경전 연구와 궁리窮理

주문呪文만 외고 이치를 생각지 않아도 옳지 않고, 다만 이치를 연구하고자 하여 한 번도 주문을 외지 않아도 또한 옳지 아니하니, 두 가지를 겸전兼全하여 잠깐이라도 모앙慕仰하는 마음을 늦추지 않는 것이 어떠할꼬.　　　　《해월신사법설》〈수도법〉

4. 수행의 원리와 요체

이 항목에서는 수행자가 잊지 말아야 할 수행의 근본 원리에 관한 구절을 소개한다.

종교 수행의 핵심은 진정한 자아를 확연히 알고, 실현하는 것이다. 수많은 수행법들은 참된 자기 자신을 찾아가기 위한 수단일 뿐, 그 수행법 자체가 목적은 아니다.

첫 번째 주제에서는 자아의 본질인 무궁한 영원성과 전체성으로서의 한울님 마음을 회복하여, 늘 깨어 있는 정신을 지켜나가며, 육체적 감각·감정·욕망 등을 지혜롭게 통제하여 천지 만물의 정신과 하나 되는 상태를 유지하는 수심정기守心正氣가 수행의 본질이며 핵심임을 설명한다.

두 번째 주제는 진리의 근원은 밖에 있지 않고, 내 마음에 이미 갖추어져 있으니 스스로의 마음을 법으로 삼고, 등불로 삼는 자심자법自心自法의 원리를 다룬다.

세 번째 주제는 중도적 수행의 추구는 성품과 마음, 육신의 통일적 수행으로 나타나야 함을 알려준다. 인생과 우주 본질의 깨달음, 마음의 능력, 세상을 살리는 실천력은 수행 과정에서 자연스럽게 나타나는 한울님의 능력이니, 어느 하나도 무시하거나 간과해서는 안 된다.

1) 수심정기守心正氣

수심정기守心正氣 네 글자는 천지가 막히고 끊어진 기운을 다시 보충하는 것이니라. 경에 말씀하시기를 "인의예지는 옛 성인의 가르친 바요, 수심정기는 오직 내가 다시 정한 것이라." 하셨으니, 만일 수심정기가 아니면 인의예지의 도를 실천하기 어려운 것이니라. 내 눈을 붙이기 전에 어찌 감히 수운 대선생님의 가르치심을 잊으리오. 삼가서 조심하기를 밤낮이 없게 하느니라.

그대들은 수심정기를 아는가. 능히 수심정기 하는 법을 알면 성인聖人 되기가 무엇이 어려울 것인가. 수심정기는 모든 어려운 가운데 제일 어려운 것이니라. 비록 잠잘 때라도 능히 다른 사람이 나고 드는 것을 알고, 능히 다른 사람이 말하고 웃는 것을 들을 수 있어야 수심정기라고 말할 수 있는 것이니라. 수심정기 하는 법은 효孝·제悌·온溫·공恭이니 이 마음 보호하기를 갓난아이 보호하는 것같이 하며, 늘 조용하여 성내는 마음이 일어나지 않게 하고 늘 깨어 혼미한 마음이 없게 함이 옳으니라.

　마음이 기쁘고 즐겁지 않으면 한울님이 감응치 아니하고, 마음이 언제나 기쁘고 즐거워야 한울님이 언제나 감응하느니라. 내 마음을 내가 공경하면 한울님이 또한 즐거워하느니라. 수심정기는 바로 천지를 내 마음에 가까이하는 것이니, 참된 마음은 한울님이 반드시 좋아하고 한울님이 반드시 즐거워하느니라.

《해월신사법설》〈수심정기〉

　첫째 수심守心이니, 사람이 마음을 잠시라도 정맥精脈에서 떠나지 않게 할 것이라. 떠나지 않게 하는 방법은 일용행사日用行事간에 생각하고 생각하여 잊지 말고 세 가지를 서로 어김이 없게 할 것이라.

　둘째 정기正氣이니, 기쁘고 성나고 슬프고 즐거운 것을 과도하게 말 것이라. 성나는 것이 과하면 경맥驚脈이 통하지 못하고, 슬픈 것이 과하면 정맥精脈이 화하지 못하고, 기쁘고 즐거운 것이 과하면 산맥散脈이 고르지 못하나니, 이는 반드시 큰 해가 되는 것이라

삼가고 삼가라.　　　　　《의암성사법설》〈위생보호장衛生保護章〉

2) 자심자법自心自法

성품을 보고 마음을 깨달으면 내 마음이 극락이요, 내 마음이 천지요, 내 마음이 풍운조화이니라. 마음 밖에 빈 것도 없고, 고요함도 없고, 불생도 없고, 불멸도 없고, 극락도 없고, 애락哀樂도 없으니, 오직 우리 도인은 자심自心을 자성自誠하고 자심을 자경自敬하고 자심을 자신自信하고 자심을 자법自法하여 털끝만치라도 어김이 없으면 가는 것도 없고 오는 것도 없으며, 위도 없고 아래도 없으며, 구할 것도 바랄 것도 없어 스스로 천황씨天皇氏가 되는 것이니라.

경에 말씀하시기를 "내가 나를 위함이요 다른 것이 아니다." "멀리 구하지 말고 나를 닦으라." "가까운 데 있고 먼 곳에 있지 아니하다." 하였으니 깊이 생각하라.

시천주의 '모실 시侍'자는 한울님을 깨달았다는 뜻이요, 천주의 '님 주主'자는 내 마음의 님이라는 뜻이니라. 내 마음을 깨달으면 상제가 곧 내 마음이요, 천지도 내 마음이요, 삼라만상이 다 내 마음의 한 물건이니라. (중략)

내 마음을 멀리 보내도 갈 곳이 없고, 저 한울이 내게 와도 들어올 곳이 없느니라. 도를 어느 곳에서 구할 것인가, 반드시 내 마음에서 구할 것이니 살필지어다.

　　　　　　　　　　《의암성사법설》〈무체법경 신통고〉

"사람이 제가 능히 움직이고 쓸 수 있다면 어찌하여 한울을 믿습니까?"

"자기 마음을 자기가 믿으며, 자기 한울을 자기 마음으로 하며, 스스로 아는 것을 스스로 움직이며, 자기 한울을 스스로 법으로 삼나니, 그러므로 예부터 많은 경전과 많은 법설이 자기 마음을 자기가 법으로 하는 것이요, 밖으로부터 오는 것이 아니니라.

경전을 배워서 만 번 외고 한울을 보고 천 번 절하라는 것은 다만 어리석은 사람들의 마음을 경계하느라고 만든 법이요, 이로써 성품을 보고 마음을 깨닫는 것은 얻지 못하느니라. 성품과 마음을 닦는 데는 반드시 묘한 방법이 있으니 늘 깨어 있어 어둡지 말 것이니라. 마음이 성품 속에 들면 공공적적空空寂寂하고, 성품이 마음속에 들면 활활발발活活發發해지니라. 비고 고요하고 활발한 것은 자기 성품과 자기 마음에서 일어나고, 자기 성품과 자기 마음은 내 마음의 본바탕이니, 도를 어느 곳에서 구할 것인가. 반드시 내 마음에서 구할지니라."　　　　《의암성사법설》〈후경〉

3) 성性·심心·신身 통수統修

그러나 성품을 보는 사람은 기운을 보지 못하고, 기운을 보는 사람은 성품을 보지 못하여, 도에 어기어 마지않으니 아까워라. 성품은 이치니 성리性理는 공공적적空空寂寂하여 가없고 양도 없으며 움직임도 없고 고요함도 없는 원소일 뿐이요, 마음은 기운이니 심기心氣는 원원충충圓圓充充하여 넓고 넓어 흘러 물결치며 움직이고 고요하고 변하고 화하는 것이 때에 맞지 아니함이 없는 것이니라. 이러므로 이 두 가지에 하나가 없으면 성품도 아니요 마음도 아니니라.

밝히어 말할 것 같으면, 성리가 없으면 마음이 없는 나무 사람〔木人〕과 같고, 심기가 없으면 물 없는 곳의 고기와 같으니, 도 닦는 사람은 밝게 살피고 밝게 깨달으라. 성품을 보는 것은 누구이며 마음을 보는 것은 누구인가. 만약 내 몸이 없으면 성품과 마음을 대조하는 것이 어느 곳에서 생길 것인가.

성품이 있고라야 몸이 있고, 몸이 있고라야 마음이 있으나 그러나 성품과 마음과 몸 세 가지에서 어느 것을 먼저 할 것인가. 성품이 주체가 되면 성품의 권능이 몸의 권능을 이기고, 몸이 주체가 되면 몸의 권능이 성품의 권능을 이기느니라. 성품을 주체로 보고 닦는 사람은, 성품의 권능으로써 비고 고요한 경지를 무궁히 하고 그 원소를 확충하여 불생불멸不生不滅을 도라 말하고, 몸을 주체로 보고 닦는 사람은 몸의 권능으로써 활발하고 거리낌 없이 현 세계에서 모든 백성을 함양함을 도라고 말하느니라. 그러므로 성품과 몸의 두 방향에 대한 수련을 보이어 도 닦는 사람에게 밝혀서 말하려 하노라.

몸이 있을 때에는 불가불 몸을 주체로 알아야 할 것이니, 왜 그런가 하면, 몸이 없으면 성품이 어디 의지해서 있고 없는 것을 말하며, 마음이 없으면 성품을 보려는 생각이 어디서 생길 것인가. 무릇 마음은 몸에 속한 것이니라. 마음은 바로 성품으로써 몸으로

나타날 때 생기어 형상이 없이 성품과 몸 둘 사이에 있어 만리만
사萬理萬事를 소개하는 요긴한 중추가 되느니라.

《의암성사법설》〈무체법경 성심신삼단〉

지나간 옛 현철이 스스로 구하고 스스로 보이는 것으로 서로 다
투었으나, 우리 도에 이르러서는 사람이 스스로 구하여 도를 이
루는 것이 아니라 한울님이 반드시 바르게 보이고 바르게 들으
니, 만에 하나도 의심이 없느니라. 바르게 보고 바르게 듣는 것은
성性·심心·신身 삼단三端이 합하여 보이고, 나누어 보임이니 세 가
지에 하나가 없으면 도가 아니요 이치가 아니니라. 나도 또한 이 세
가지를 합하여 깨달아 홀로 황황상제煌煌上帝의 자리에 앉았노라.

《의암성사법설》〈무체법경 신통고〉

5. 일상 속의 수행과 도덕적 실천

자신의 영적 성장을 위한 수행은 매일의 일상 속에서 생활화될
때, 그 진정한 가치와 능력을 얻게 된다. 또한 참된 도덕으로 실천
되지 않으면 위선적인 것이 되고 만다.

여기에서는 다섯 가지의 주제로 수행자가 일상 속에서 실천해
야 할, 자아실현을 위한 마음의 태도를 다룬다.

첫째 마음의 참되고, 진실한 실상을 지켜나가는 정심수도의 자

세, 둘째 내 본연의 한울님 마음을 잃지 않고, 항상 깨어 있는 의식을 지켜 나가는 수심정기, 셋째 천지 만물과 더불어 항상 화합하는 마음의 유지, 넷째 생명계의 원리, 자연의 질서에 일치하여 살아가는 성·경·신의 생활화, 다섯째 나의 생명을 부양케 해주는 전 우주 생명계의 은혜에 보답하는 행위로서, 감사와 헌신의 마음으로 매끼의 식사를 한울님께 공양하는 제사처럼 정성 드리는 생활을 소개한다.

1) 참회·반성과 정심正心

이 세상 인심으로
물욕제거物慾除去하여 내어
개과천선改過遷善되었으니
성경誠敬 2자 못 지킬까.
일일이 못 본 사람
상사지회相思之懷 없을쏘냐.[26]
두어 구 언문 가사諺文歌辭
들은 듯이 외어 내어
정심수도正心修道하온 후에
잊지 말고 생각하소.

《용담유사》〈도덕가〉

---

26) 서로 그리워하는 마음 없을쏘냐.

대범 신信은 정성의 근본이라. 정성스러운 마음으로써 생각과 말과 일을 살피며, 다만 그뿐만 아니라 그 살피는 것으로 말미암아 생각과 말과 일이 확실히 효력이 있는가 없는가 하여 또 다시 살피느니, 살피면 사람의 일동일정이 자연히 천리에 합당할 것이요, 천리에 합당하면 일신상 광채와 사회 문명이 다 고등한 이치를 점령하리니, 사람의 정도는 살피는 범위 속에 진퇴한다 이름이 가하도다. 그런고로 날마다 살피는 공부를 힘쓰는데, 밤 열 시를 당하여 당일 살피던 마음과 살피던 것을 인연하여 옳은 생각을 둠과 옳은 말을 발함과 옳은 일을 행하던 조건을 낱낱이 조사하여 선악의 다소를 비교하며, 그 살피던 마음과 조사하는 성력誠力을 날마다 연속하여, 날이 쌓여 달이 되고 달이 쌓여 해가 되도록 일만 분이라도 해타解惰한 마음이 없으면, 마침내 회계會計에 자연히 옳은 것이 많을 것이요, 그 마음으로 또 여러 해를 지내면 순연한 옳은 것뿐이 회계에 나타나리니, 살피는 것이 준적準的이 없으면 마음이 항상 현황眩慌하며 주저하여 방향을 정치 못하는 고로, 먼저 사람의 선악과 세상의 치란지사治亂之事를 증거하되, 시초에 무슨 생각과 무슨 말과 무슨 일에 근본하여 종말에 무슨 결과가 나타나는 것을 역사상 사적事蹟과 학문상 의견에 참고하여, 살피는 공부에 큰 준적을 삼느니라. 준적을 비록 세우고자 하나 꺼리고 두려운 마음이 없으면 자행자지自行自止하여 근본이 완고完固하기 어려운 고로, 항상 천주를 모셔 엄숙하며 공경하는 마음으로 준적 근본을 삼느니라.　　　　　　《의암성사법설》〈현기문답玄機問答〉

2) 새로운 의식의 열림, 수심정기守心正氣

사람이 능히 그 마음의 근원을 맑게 하고 그 기운 바다를 깨끗이 하면 만진萬塵이 더럽히지 않고, 욕념이 생기지 아니하면 천지의 정신이 전부 한 몸 안에 돌아오는 것이니라. 마음이 맑고 밝지 못하면 그 사람이 우매하고, 마음에 티끌이 없으면 그 사람이 현철하느니라.

등불은 기름을 부은 뒤에라야 불빛이 환히 밝고, 거울은 수은을 칠한 뒤에라야 물건이 분명히 비치고, 그릇은 불에 녹아 단련된 뒤에라야 체질이 굳고 좋으며, 사람은 마음에 한울님의 가르침을 얻은 뒤에라야 뜻과 생각이 신령한 것이니라.

《해월신사법설》〈수심정기〉

'천하 일만 생각이 전혀 한 몸에 있으니, 앞의 물결이 겨우 쉬면 뒤의 물결이 일어난다.'는 이 생각이 어느 때에 없어질 것이냐. 이것을 끊으려고 불가능의 심력을 공연히 허비치 말고, 다만 '내 속에 어떤 내가 있어 구부리고 펴고 또 고요하고 움직이는 것을 가르치고 시키는가.' 하는 생각을 일마다 생각하여 오래도록 습성을 지니면, 성품과 몸 두 가지에 어느 것이 주체요 어느 것이 객체인 것과 어느 것이 중重하고 어느 것이 경輕한 것을 스스로 깨닫게 될 것이니, 이 깨달음이 곧 육신을 개벽하는 것이니라.

《의암성사법설》〈인여물개벽설〉

3) 심신의 화평, 심화기화心和氣和

기운이 마음을 부리는가, 마음이 기운을 부리는가. 기운이 마음에서 나왔는가, 마음이 기운에서 나왔는가. 화생化生하는 것은 기운이요 작용하는 것은 마음이니, 마음이 화하지 못하면 기운이 그 도수를 잃고 기운이 바르지 못하면 마음이 그 궤도를 이탈하나니, 기운을 바르게 하여 마음을 편안히 하고, 마음을 편안히 하여 기운을 바르게 하라. 기운이 바르지 못하면 마음이 편안치 못하고, 마음이 편안치 못하면 기운이 바르지 못하나니, 그 실인즉 마음도 또한 기운에서 나는 것이니라.

《해월신사법설》〈천지인·귀신·음양〉

마음으로써 마음을 상하게 하면 마음으로써 병을 생기게 하는 것이요, 마음으로써 마음을 다스리면 마음으로써 병을 낫게 하는 것이니라. 이 이치를 만약 밝게 분별치 못하면 후학들이 깨닫기 어렵겠으므로, 논하여 말하니 만약 마음을 다스리어 심화기화心和氣和(자신의 마음과 기운을 조화롭게 하는 것)가 되면 냉수라도 약으로써 복용하지 않느니라. 《해월신사법설》〈영부·주문〉

4) 성誠·경敬·신信의 생활화

우리 도는 넓고도 간략하니 많은 말을 할 것이 아니라, 별로 다른 도리가 없고 성·경·신 3자이니라.

이 속에서 공부하여 터득한 뒤에라야 마침내 알 것이니, 잡념이 일어나는 것을 두려워하지 말고 오직 깨우쳐 지知에 이르도록 염려하라.

《동경대전》〈좌잠座箴〉

정성이 이루어지는 바를 알지 못하거든 내 마음을 잃지 않았나 헤아리라.

공경이 되는 바를 알지 못하거든 잠깐이라도 모양함을 늦추지 말라.

두려움이 되는 바를 알지 못하거든 지극히 공변되게 하여 사사로움이 없는가 생각하라.

마음의 얻고 잃음을 알지 못하거든 마음 쓰는 곳의 공公과 사私를 살피라.

《동경대전》〈전팔절前八節〉

정성이 이루어지는 바를 알지 못하거든 이에 스스로 자기 게으름을 알라.

공경이 되는 바를 알지 못하거든 내 마음의 거슬리고 어두움을 두려워하라.

두려움이 되는 바를 알지 못하거든 죄 없는 곳에서 죄 있는 것 같이 하라.

마음의 얻고 잃음을 알지 못하거든 오늘에 있어 어제의 그름을 생각하라.

《동경대전》〈후팔절後八節〉

정성[誠]이란 것은 마음의 주主요 일의 체體가 되나니, 마음을 닦고 일을 행함에 정성이 아니면 이룰 수 없느니라.

공경〔敬〕이란 것은 도의 주체요 몸으로 행하는 것이니, 도를 닦고 몸으로 행함에 오직 공경으로 종사하라.

두려움〔畏〕이란 것은 사람이 경계하는 바니, 한울님의 위엄과 신의 눈이 이르지 않는 곳이 없도다.

마음〔心〕이란 것은 허령虛靈의 그릇이요 화복禍福의 근원이니, 공公과 사私 사이에 득실得失의 도니라.　　《해월신사법설》〈강서〉

5) 식사食事는 곧 제사祭祀

금 난 그릇에 먹지 말고, 이 빠진 그릇에 먹지 말고, 살생하지 말고, 삼시三時를 부모님 제사와 같이 받드옵소서.

《해월신사법설》〈내수도문〉

그러므로 한울님은 사람에 의지하고 사람은 먹는 데 의지하니, 이 한울님으로써 한울님을 먹는 원리에 따라 사는 우리 사람은 심고心告로써 천지 만물의 서로 화합하고 통함을 얻는 것이 어찌 옳지 아니하랴.　　《해월신사법설》〈기타〉

6. 수행자의 생활 자세

여기에서는 한울님의 덕성을 소유하고 있는 사람으로서 자기

계발과 자아실현을 위해 마땅히 실행해나가야 할 생활 자세와 덕목을 알려준다.

첫째 때와 상황에 맞는 중도의 자세, 둘째 말과 행동의 일치, 셋째 자기 안의 참된 본성을 가리는 이기심의 극복, 넷째 진실한 마음의 유지와 독실하게 공부하는 자세, 다섯째 항상 낮은 자세로 배우려는 태도, 여섯째 수도자로서의 인내하는 자세, 일곱째 수행자로서 지녀야 할 마음가짐과 지켜야 할 수칙을 소개한다.

1) 중도中道의 실천, 균형의 생활

원元·형亨·이利·정貞은 천도의 떳떳한 것이요, 오직 한결같이 중도中道를 잡는 것은 인사人事의 살핌이니라.

《동경대전》〈수덕문修德文〉

마음의 자취가 나타나는 것은 유정공기有情空氣(한울의 기운)로써 변화하는 능력이 생기므로, 마음의 힘을 얻는 사람은 능히 유정천有情天(한울의 마음)의 능력과 변화를 행할 수 있느니라. 그러므로 제 몸에서 성품을 보는 사람도 또한 제가 능히 한울님의 능력을 스스로 쓰나니, 이것은 성품을 보는 마음이 또한 유정천에 의하여 스스로 생기는 것이니라. 성품을 보는 사람의 "나도 없고 마음도 없고 몸도 없고 도도 없다."는 주장으로 신통력을 비방하나니, 이는 신통력이 자연이 성품과 마음 수련하는 데서 생김을 알지 못하고, 다만 철학의 협견으로써 비방하는 것이니라. 그러므로 세상을

돌아보고 한울의 능력을 취하여 때를 따라 도를 쓰는 것은 수도하
는 사람의 중도를 잡는 데 있느니라.

《의암성사법설》〈무체법경 성심신삼단〉

2) 언행일치의 생활화

일이 있으면 사리를 가리어 일에 응하고 일이 없으면 조용히 앉
아서 마음공부를 하라. 말을 많이 하고 생각을 많이 하는 것은 심
술心術에 가장 해로우니라. (중략)

말은 행할 것을 돌아보고 행동은 말한 것을 돌아보아, 말과 행
동을 한결같이 하라. 말과 행동이 서로 어기면 마음과 한울님이
서로 떨어지고, 마음과 한울님이 서로 떨어지면 비록 해가 다하고
세상이 꺼질지라도 성현의 지위에 들어가기가 어려우니라.

《해월신사법설》〈대인접물〉

3) 이기심의 극복, 이타적 삶

남의 적은 허물을 내 마음에 논란하지 말고, 나의 적은 지혜를
사람에게 베풀라.   《동경대전》〈탄도유심급〉

사사로운 욕심을 끊고 사사로운 물건을 버리고 사사로운 영화
를 잊은 뒤에라야, 기운이 모이고 신神이 모이어 환하게 깨달음이
있으리니, 길을 가면 발끝이 평탄한 곳을 가리키고 집에 있으면
신神이 조용한 데 엉기고 자리에 앉으면 숨결이 고르고 편안하며

누우면 신이 그윽한 곳에 들어, 하루 종일 어리석은 듯하며 기운이 평정하고 심신心神이 청명하니라.　　　　《해월신사법설》〈독공〉

4) 진실함과 독실함

다만 교만하고 사치한 마음을 길러 끝내 무엇을 하리오. 내가 본 사람이 많으나 학學을 좋아하는 사람을 아직 보지 못했노라. 겉으로 꾸며대는 사람은 도에 멀고 진실한 사람이 도에 가까우니, 사람을 대하여 거리낌이 없는 자라야 가히 도에 가깝다 이르리라. (중략)

거짓으로써 사람을 사귀는 사람은 도를 어지럽게 하고 도를 사납게 하는 자요, 이치를 거역하는 자이니라.

　　　　　　　　　　　　　　《해월신사법설》〈대인접물〉

독실篤實하게 공부해서 이루지 못할 것이 없느니라. 내가 신유년辛酉年(1861) 여름에 도를 받은 뒤로부터 독실하게 공부할 뿐이더니, 얼음물에 목욕하여도 따스한 기운이 돌고 불을 켜도 기름이 졸지 아니하니 정성 드려야 할 것은 도학이니라. 우물을 판 뒤에야 물을 마실 것이요 밭을 간 뒤에라야 밥을 먹을 것이니, 사람의 마음공부하는 것이 물 마시고 밥 먹는 일과 같지 아니한가. 곡식을 여러 창고에 저장하는 것도 반드시 밭 한 이랑으로부터 시작하는 것이요, 많은 재물을 모으는 것도 반드시 한 시장으로부터 되는 것이요, 덕이 백체百體를 윤택하게 하는 것도 반드시 한 마음으로부터 시작되는 것이니라.

도에 대한 한결같은 생각을 주릴 때 밥 생각하듯이, 추울 때 옷 생각하듯이, 목 마를 때 물 생각하듯이 하라. 부귀한 자만 도를 닦겠는가, 권력 있는 자만 도를 닦겠는가, 유식한 자만 도를 닦겠는가, 비록 아무리 빈천한 사람이라도 정성만 있으면 도를 닦을 수 있느니라.

《해월신사법설》〈독공〉

5) 스스로를 낮춤과 배우는 삶

누가 나에게 어른이 아니며 누가 나에게 스승이 아니리오. 나는 비록 부인과 어린아이의 말이라도 배울 만한 것은 배우고 스승으로 모실 만한 사람은 스승으로 모시노라.

남을 훼방하고 배척하여 삶을 상하게 하는 것은 군자가 이르기를 불효라 하였으니, 사람의 장단을 말하는 것은 도덕에 크게 해로우니라. 양공良工은 구부러진 재목을 거절하지 아니하고, 명의名醫는 병든 사람을 거절하지 아니하고, 성인의 도를 배우는 자리에는 어리석은 사람을 거절하지 아니하느니라.

《해월신사법설》〈대인접물〉

배우는 것은 반드시 넓게 하고 묻는 것은 반드시 자세히 하고 행하는 것은 반드시 독실하게 하라. 만일 삼 년에 도안道眼이 밝지 못하고 마음 바탕이 신령치 못하면 이것은 정성이 없고 믿음이 없음이니라. 정성이 있고 믿음이 있으면 돌을 굴리어 산에 올리기도 쉬우려니와, 정성이 없고 믿음이 없으면 돌을 굴리어 산에서 내리기도 어려우니, 공부하는 것의 쉽고 어려움도 이와 같으니라.

《해월신사법설》〈독공〉

사람이 바로 한울님이니 사람 섬기기를 한울님같이 하라. 내 제군들을 보니 스스로 잘난 체하는 자가 많으니 한심한 일이요, 도에서 이탈되는 사람도 이래서 생기니 슬픈 일이로다. 나도 또한 이런 마음이 있느니라. 이런 마음이 생기면 생길 수 있으나, 이런 마음을 감히 내지 않는 것은 한울님을 내 마음에 양養하지 못할까 두려워함이로다.

《해월신사법설》〈대인접물〉

무릇 때와 일에 임하여 '우愚(어리석은 체 하는 것)·묵默(침착하게 하는 것)·눌訥(말조심하는 것)' 세 자를 용用으로 삼으라. 만약 경솔하게 남의 말을 듣고 말하면, 반드시 나쁜 사람의 속임에 빠지느니라. 이로써 실행해 나아가면 공功은 반드시 닦는 데 돌아가고 일은 반드시 바른 데 돌아갈 것이니라.

사람을 대할 때에 언제나 어린아이같이 하라. 항상 꽃이 피는 듯이 얼굴을 가지면 사람을 융화하고 덕을 이루는 데 들어가리라.

《해월신사법설》〈대인접물〉

6) 수도자의 덕목, 인내

급급急急한 제군들은

인사人事는 아니 닦고
천명天命을 바라오니
졸부귀猝富貴 불상不祥이라[27)]
만고유전萬古遺傳 아닐런가.
수인사修人事 대천명待天命은
자세히도 알지마는
어찌 그리 급급한고.

《용담유사》〈도수사〉

한 번 어지러움에 십 년을 잃고, 모든 어려움을 참음에 만 가지 기회가 생기느니라.

말없이 고요함에 도심道心이 자라고 분심忿心을 참음에 모든 신神이 따르느니라.

분의分義가 정해짐을 알지 못하거든 매사를 당하는 대로 행하라.

《의암성사법설》〈명심장明心章〉

7) 수행자의 마음가짐과 수칙

닦아서 필법筆法을 이루니 그 이치가 한 마음에 있도다.

우리나라는 목국木局을 상징하니 삼절三絶의 수數를 잃지 말아라.[28)]

여기서 나서 여기서 얻었는 고로 동방부터 먼저 하느니라.

---

27) 갑자기 부귀富貴를 얻는 것은 상서롭지 아니하니라.
28) 우리나라는 동東이기 때문에 목木의 상징을 지닌다. 그렇기 때문에 세 번 끊어지는 운수가 있으니, 이때에 잃지 않도록 해야 한다.

사람의 마음이 같지 않음을 어여삐 여겨 글을 쓰는 데 안팎이 없게 하라.

마음을 편안히 하고 기운을 바르게 하여 획을 시작하니 모든 법이 한 점點에 있느니라. 《동경대전》〈필법筆法〉

인의예지는 옛 성인의 가르친 바요, 수심정기修心正氣는 내가 다시 정한 것이니라. 한 번 입도식入道式을 지내는 것은 한울님을 길이 모시겠다는 중한 맹세요, 모든 의심을 깨쳐버리는 것은 정성을 지키는 까닭이니라. 의관衣冠을 바로 갖추는 것은 군자의 행실이요, 길에서 먹으며 뒷짐 지는 것은 천한 사람의 버릇이니라. 도가道家에서 먹지 아니할 것은 한 가지 네발짐승의 나쁜 고기요, 몸에 해로운 것은 찬물에 갑자기 앉는 것이니라. 유부녀를 넘보지 못하게 함은 나라 법으로도 금하는 것이요, 누워서 큰 소리로 주문 외우는 것은 정성 드릴 나의 도를 태만히 함이니라. 이와 같이 펴니 이것을 수칙으로 삼으라. 《동경대전》〈수덕문〉

도성입덕道成立德 되려니와
번복지심飜覆之心 두게 되면
이는 역시 역리자逆理者요,
물욕교폐物慾交蔽되게 되면
이는 역시 비루자鄙陋者요,
헛말로 유인하면

이는 역시 혹세자惑世者요,

안으로 불량不良하고

겉으로 꾸며내면

이는 역시 기천자欺天者라

뉘라서 분간하리.

《용담유사》〈도덕가〉

7. 수행과정과 단계, 효험

수행은 끊임없이 진리의 세계를 자기화시키는 과정이며, 자아 완성을 향한 자기 극복이다. 이 항목에서는 즉각적이며 돈오적인 수행 전통과는 다른, 구체적이고 단계적인 수행 과정을 묘사하는 구절을 다룬다.

첫 단계는 일념一念의 주문염송을 지속함으로써, 마음의 산란함과 요동을 그치고, 한울님의 기운과 통하는 체험의 단계를 묘사한다. 새롭게 다시 태어나는 신생을 위한 입문이다.

두 번째는 선악·시비 등의 분별심을 끊어, 지극히 적정寂靜한 경지에서 항상 밝게 깨어 있는 상태를 묘사하는 구절이 소개된다. 마음의 광명이 우주에 비추어 알지 못함이 없는 경지의 단계이다.

세 번째는 앎과 깨달음의 단계를 넘어서서, 더 이상 구할 것이 없는 나와 일체 만물의 근본 자리에 들어가는 경지의 단계이다. 이

상태는 더 이상 주체와 대상이 없어지는, 완전 합일의 상태이다.

네 번째는 자아실현의 궁극으로, 한울님과 만물과의 완전한 합일에 머무르지 않고, 모든 관념의 장애로부터 자유로워져서 한울님 마음 자체로 살아가는 대자유의 경지를 묘사한다.

마지막 주제는 수행 과정 초기에 나타나는 효험과 이적異跡들을 설명한다.

1) 강령降靈과 강화降話

이를 일일이 들어 말할 수 없으므로 내 또한 두렵게 여겨 다만 늦게 태어난 것을 한탄할 즈음에, 몸이 몹시 떨리면서 밖으로 접령接靈하는 기운이 있고 안으로 강화降話의 가르침이 있으되, 보였는데 보려 하면 보이지 아니하고 들렸는데 들으려 하면 들리지 아니하므로, 마음이 더욱 이상해져서 수심정기修心正氣하고 묻기를 "어찌하여 이렇습니까?" 하였다.

대답하시기를 "내 마음이 곧 네 마음이니라. 사람이 어찌 이를 알리오. 천지는 알아도 귀신鬼神은 모르니 귀신이라는 것도 나니라. 너는 무궁 무궁한 도에 이르렀으니 닦고 단련하여 글을 지어 사람을 가르치고, 법을 바르게 정하여 덕을 펴면 너로 하여금 영생토록 하여 천하에 빛나게 하리라." 하셨다. 《동경대전》〈논학문〉

나는 수도할 때에 한울님 말씀을 여러 번 들었으나 지금 생각건대 이는 아직 도에 달하지 못한 초보이니라. 한울님 말씀과 사람의 말의 구별은 이는 바른 일과 바르지 않은 일 두 가지뿐이니, 바른 마음으로 바르지 않은 마음을 다스리게 되면 무엇이 한울님 말씀 아님이 있으리오.

경전에 말씀하시기를 "안으로 강화降話의 가르침이 있다." 하였으니, 강화는 즉 심령心靈의 가르침이니라. 사람이 누가 강화의 가르침이 없으리오마는 오관五官의 욕심이 슬기구멍을 가렸는지라, 마음이 하루아침에 도를 환히 깨달으면 심령의 가르침을 분명하게 듣느니라. 그러나 강화도 아직 도에 달하지 못한 초보이니라.

《해월신사법설》〈기타〉

2) 허광심虛光心과 깨달음

도에 세 가지 마음의 계단이 있으니, 마음을 닦고 성품을 보려는 사람은 만약 이 세 가지 계단의 묘법妙法이 아니면 좋은 성과를 얻기 어려울 것이니라.

첫째는 허광심虛光心이니 한울과 한울, 만물과 만물이 각기 성품과 마음이 있어, 자체가 스스로 움직이는 것이 다 법상法相과 색상色相에 말미암은 것이니라. 닦는 사람의 염두念頭에 반드시 양단이 있으리니, 부지런히 하고 부지런히 하여 쉬지 아니하며, 늘 깨어 있어 어둡지 아니하고, 적적하여 혼미하지 아니하면, 빈 가운데서 빛이 날 것이라. 반드시 모든 이치가 갖추어 있어 형상 없는 법체法體가 깨닫는 곳에 나타나며, 형상 있는 색체色體에 돌아오는 빛이 돌려 비치어 밝지 아니한 곳이 없고 알지 못할 곳이 없으니, 이것을 허광심력虛光心力이라 이르느니라. 여기에 멎어서 구하지 않으면 내 반드시 찬성하지 않을 것이니, 스스로 힘써 분발하여 또 한 단계를 나아가라.　　　《의암성사법설》〈무체법경 삼심관〉

3) 여여심如如心과 신비적 합일

둘째는 여여심如如心이니 한 번 윗 지경에 뛰어오르면 비고 비어 고요하고 고요하여 물을 것도 없고 들을 것도 없으며, 마음과 같고 참과 같아서 삼라만상이 본래 나와 일체라. 오직 하나요 둘이 아니니 나와 너, 선과 악, 좋은 것과 나쁜 것, 나고 죽는 것이 모두 이 법체가 스스로 쓰는 것이니 사람이 어찌 지어서 이루리오. 또 한 법 가운데 묘하게 쓰는 것이 다 내 성품과 마음이라. 성품과 마음의 본체는 비고 또 끊겼으니, 이 밖에 무엇을 구하리오마는 쉬고 쉬어 숨을 돌려 다시 한 층계를 더 나아가라.

《의암성사법설》〈무체법경 삼심관〉

4) 자유심自由心과 무애無碍의 공도공행公道公行

셋째는 자유심이니 한울도 또한 비지 아니하고 만물도 또한 끊기지 아니하니, 도가 어찌 빈 데 멎으며 만물이 어찌 끊긴 데 멎으리오. 성품은 근본과 말단이 없고 이치는 처음과 나중이 없으니, 다만 내 마음 한 가닥에 기인하여 만법만상萬法萬相을 헤아려 생각할지니라. 마음이 오직 비고 끊기면 이치 또한 반드시 끊기리니, 만약 이와 같다면 어찌 가히 성품이라 말하며 어찌 가히 이치라 말하겠는가.

그러므로 자기의 성품과 자기의 마음으로 하여금 한 번 뛰어서 자유로워라. 마음이 옥玉이 되고자 하면 옥도 또한 장애요, 마음이 물같이 되고자 하면 물도 또한 장애요, 마음이 비고 고요하게 되고자 하면 비고 고요한 것도 또한 장애요, 마음이 밝고자 하면 밝은 것도 또한 장애요, 나로서 나를 없애려 하면 나도 또한 장애요, 마음으로 마음을 없애고자 하여도 마음도 또한 큰 장애니, 어떤 묘법으로 그 큰 장애를 벗어날꼬. 다시 한 층계를 더하여 반드시 자유를 쓰라.

성품과 마음이 자유로우면 도가 반드시 끝이 없을 것이요, 세상이 반드시 자유로우면 세상이 또한 없어지지 않을 것이요, 사람이 반드시 자유로우면 억만 사람이 마침내 이 자유를 깨달을 것이니, 살려고도 하지 아니하고 죽으려고도 하지 아니하며, 없으려고도 하지 아니하고 있으려고도 하지 아니하며, 착하려고도 하지 아니하고 악하려고도 하지 아니하며, 기쁘려고도 하지 아니하고 노怒하려고도 하지 아니하여, 일동일정一動一靜과 일용행사日用行事를 내가 반드시 자유롭게 하나니 좋으면 좋고, 착하면 착하고, 노하면 노하고, 살면 살고, 죽으면 죽고, 모든 일과 모든 쓰임을 마음 없이 행하고 거리낌 없이 행하니 이것을 천체天體의 공도공행公道公行이라 하느니라.

성인도 또한 장애요 세상도 반드시 작은 장애니, 무엇으로써 장애를 물리치어 공도공용으로 천체天體를 스스로 쓰겠는가. 닦는 사람에 고하여 효유하니 일체 장애를 헌옷을 벗는 듯이 하고, 빠른 걸음으로 빨리 나아가면 좋고 좋은 자유극락이니라.

《의암성사법설》〈무체법경 삼심관〉

5) 효험과 이적異蹟

아름답도다, 우리 도의 행함이여. 붓을 들어 글을 쓰니 사람들이 왕희지王羲之의 필적인가 의심하고, 입을 열어 시가詩歌를 부르니 누가 나무꾼 앞에서 머리를 숙이지 않겠는가. 허물을 뉘우친 사람은 욕심이 석숭石崇의 재물도 탐내지 아니하고, 정성이 지극한 아이는 다시 사광師曠의 총명도 부러워하지 않더라. 용모가 환태幻態되니 마치 선풍仙風이 불어온 듯하고, 오랜 병이 저절로 낫는 것은 편작扁鵲의 어진 이름도 잊어버릴 만하더라.

《동경대전》〈수덕문〉

빗속에서도 젖지 않는 수운대신사 이적異蹟

내가 독실히 공부할 때에 억수같이 내리는 비 가운데서도 옷과 두건이 젖지 아니하였으며, 능히 90리 밖에 있는 사람을 보았으며 또 능히 바르지 못한 기운을 그치었으며 조화 造化를 썼으나 지금은 조금도 돌아보지 않고 끊었노라.

원래 이것들은 다 작은 일이요 결코 대도의 바른 도리가 아니니라. 그러므로 대신사께서 조화를 쓰지 아니하심도 또한 이에 원인한 바니라.   《해월신사법설》〈기타〉

8. 영성靈性에의 자각에서 사회적 성화聖化로

천도교의 수행상의 특징은 개인의 영적 성장과 더불어 사회적 성화를 목표로 한다. 수행의 목적이 인간의 삶을 행복하게 만들기 위한 것이라면, 개인의 완성만으로는 불충분하다. 그것은 사회 및 천지 만물의 성화와 구원으로 이어져야만 한다. 나와 세계는 하나의 몸이기 때문이다.

수행의 첫걸음은 자기 안에 무궁히 살아 활동하는, 신령스런 우주 생명이 모셔져 있음을 자각하는 것으로부터 시작한다. 시천주侍天主의 자각은 자기 마음 안에 확고한 믿음으로 자리 잡아, 자기 안의 한울님을 실현하기 위한 끊임없는 정진으로 이어져야 한다. 알면서도 스스로 게으른 것은 수행자의 가장 큰 죄라 할 수 있다. 씨앗이 땅에 심어져 생명의 싹을 키우듯, 시천주의 자각은 정진 수행을 통해 양천주養天主의 생명 살림 실천으로 승화되어야 한다. 생명 살림의 실천은 궁극적으로 천도교의 개인 완성의 모습인 도성입덕道成

立德의 상태를 지향하며, 그러한 수행력의 확산, 심화는 수행자가 스스로 한울 사람의 모범이 되어, 한울님의 덕을 체행한 체천주體天主의 상태에서 세계를 성화시키는 도덕의 힘을 갖게 된다.

1) 시천주侍天主의 자각과 생명 모심

한울님이 뜻을 형체에 부쳐서 임의로 활용하는 것이 명백함이여, 모실 시侍자에 어찌 믿음이 없으며 공경이 없겠는가.

그러므로 생령生靈의 앞에 공경히 정성 드리는 사람은 사람과 더불어 만물도 각각 시천주侍天主의 근본이 있음을 파혹破惑하고, 능히 천지 무궁 변화의 적실한 것을 얻어서, 빠르게 만사지萬事知에 달하여 한울님을 받들고 한울님의 덕에 합하는 실상이라.

《의암성사법설》〈수수명실록〉

2) 믿음과 정진

아홉 길 조산造山할 때
그 마음 오죽할까.
당초에 먹은 생각
과불급過不及 될까 해서
먹고 먹고 다시 먹고
다섯 길〔仞〕 여섯 길 모을 때는
보고 나니 자미滋味되고
하고 나니 성공이라.

어서 하자 바삐 하자

그러그러 다해갈 때

이번이나 저번이나

차차차차 풀린 마음

조조해서 자주 보고

지질해서 그쳤더니

다른 날 다시 보니

한 소쿠리 더했으면

여한 없이 이룰 공을

어찌 이리 불급不及한고.

《용담유사》〈흥비가〉

나무의 뿌리가 굳건치 않으면 바람을 만나 넘어질 것이요, 물의 근원이 깊지 않으면 웅덩이를 가득 채워 앞으로 나가지 못하나니 사람의 마음이 또한 이와 같도다. 마음이 정해지지 않으면 반신반의半信半疑하여 일을 이루지 못하며 공을 이루지 못하나니, 수도는 먼 길을 가는 사람과 같으니, 먼 길을 가는 사람이 중도中途의 험하고 어려움을 꺼리어 되돌아가면 그것이 옳겠는가. 수도는 우물을 파는 것과 같으니, 우물을 파는 사람이 샘의 근원을 보지 못하고 포기하면 그것이 옳겠는가. 수도는 산을 만드는 것과 같으니, 산을 만드는 사람이 한 삼태기 흙을 덜하여 앞서 이룬 공을 포기하면 그것이 옳겠는가. 수도는 양을 치는 것과 같으니, 목장에서

일하는 사람이 이리 떼가 오는 것을 보고 양 떼를 그대로 버리어 돌아보지 아니하면 그것이 옳겠는가.

수도는 정원을 가꾸는 것과 같으니, 정원을 보살피는 사람이 바람과 비를 괴로워하여 어린 꽃을 잡초 속에 내버려두면 그것이 옳겠는가.

여러분은 오직 본래의 목적에 의하여 게으르지 말고 정력을 다하여 나아가라.　　　　　　　　　　　《해월신사법설》〈기타〉

3) 양천주養天主와 생명 살림

한울님을 양養할 줄 아는 사람이라야 한울님을 모실 줄 아느니라. 한울님이 내 마음속에 있음이 마치 종자의 생명이 종자 속에 있음과 같으니, 종자를 땅에 심어 그 생명을 기르는 것과 같이 사람의 마음은 도道에 의하여 한울님을 양養하게 되는 것이라.

같은 사람으로도 한울님이 있는 것을 알지 못하는 것은 이는 종자를 물속에 던져 그 생명을 멸망케 함과 같아서, 그러한 사람에게는 한 평생을 마치도록 한울님을 모르고 살 수 있나니, 오직 한울님을 양養한 사람에게 한울님이 있고 양養치 않는 사람에게는 한울님이 없나니, 보지 않느냐. 종자를 심지 않은 자, 누가 곡식을 얻는다고 하더냐.　　　　　　《해월신사법설》〈양천주養天主〉

4) 생명 본성의 실현, 도성입덕道成立德과 지성至聖

아무리 그러해도

이내 몸이 이리 되니
은덕이야 있지마는
도성입덕道成立德하는 법은
한 가지는 정성이요
한 가지는 사람이라.

《용담유사》〈교훈가〉

내가 바로 한울님이요 한울님이 바로 나니, 나와 한울님은 본시 일체一體이니라. 그러나 기운이 바르지 못하고 마음이 옮기므로 그 명命에 어기고, 기운이 바르고 마음이 정해져 있으므로 그 덕德에 합하나니, 도를 이루고 이루지 못하는 것이 전부 기운과 마음이 바르고 바르지 못한 데 있는 것이니라.

명덕명도明德命道 네 글자는 한울님과 사람이 형상을 이룬 근본이요, 성경외심誠敬畏心 네 글자는 몸을 이룬 뒤에 다시 갓난아이의 마음을 회복하는 노정 절차니, 자세히 팔절八節을 살피는 것이 어떠할꼬. (중략)

나 밖에 어찌 다른 한울님이 있겠는가. 그러므로 말씀하시기를 "사람이 바로 한울 사람이라." 하신 것이니라.

그러면 나와 한울님이 본시 한 기운 한 몸이라, 물욕을 제거하고 도리를 환하게 깨달으면 지극히 큰 지극한 한울님이 지기至氣와 지극히 화하여 지극한 성인에 이르는 것이 본시 나이니라.

성경외심으로 대인접물對人接物함은 모든 일의 한울님이니, 지기와 지극히 화하여 지극한 성인에 이르는 절차 노정이니라.

《해월신사법설》〈수도법〉

5) 체천주體天主와 동귀일체同歸一體의 사회적 성화

맑고 밝음이 몸에 있으면 그 아는 것이 신神과 같으리니, 맑고 밝음이 몸에 있는 근본 마음은 곧 도를 지극히 다함에 있는 것이니라. 일용행사日用行事가 도 아님이 없느니라. 한 사람이 착해짐에 천하가 착해지고, 한 사람이 화해짐에 한 집안이 화해지고, 한 집안이 화해짐에 한 나라가 화해지고, 한 나라가 화해짐에 천하가 같이 화하리니, 비 내리듯 하는 것을 누가 능히 막으리오.

《해월신사법설》〈대인접물〉

이제부터 우리 도 안에서는 일절 반상의 구별을 두지 말라.

우리나라 안에 두 가지 큰 폐풍弊風이 있으니 하나는 적서嫡庶의 구별이요, 다음은 반상의 구별이라. 적서의 구별은 집안을 망치는 근본이요 반상의 구별은 나라를 망치는 근본이니, 이것이 우리나라의 고질痼疾이니라.

우리 도는 두목 아래 반드시 백 배 나은 큰 두목이 있으니, 그대들은 삼가라. 서로 공경을 주로 하여 충절層節을 삼지 말라.

이 세상 사람은 다 한울님이 낳았으니, 한울 사람으로 공경한 뒤에라야 가히 태평하다 이르리라. 《해월신사법설》〈포덕布德〉

　한울님은 편벽됨이 없으시어 천성을 거느리는 사람과 오직 친하심이라. 한울님을 모시고 한울님대로 행함으로 이를 체천體天이라 말하고, 나를 미루어 생각하여 남에게 미치므로 이를 도덕이라 말하느니라.　　　　　　　　　　《의암성사법설》〈삼전론 서론〉

제6장

의례

청수기淸水器

이 장에서는 의례를 구성하는 몇 가지 중요 요소들인 참회, 기도, 주문염송呪文念誦, 청수淸水에 관한 구절과 천도교의 독특한 제사 의식인 향아설위向我設位를 소개한다.

교인들은 이러한 의식을 통해 자신 안에 내재한 한울님의 현존을 느끼고 체험한다. 종교의식은 그 자체가 목적이 될 수 없다. 한울님과의 진실한 교류가 없다면 진정한 의식이 될 수 없다. 모든 종교의식은 정성과 공경, 바른 믿음으로써 시행되어야 한다. 그렇지 않다면 의례 과정은 진실과 헌신의 마음이 빠진 위선적인 거룩함만을 남길 것이다.

종교의식은 영적 성숙과 진리 실현의 장애물인 자아 집착과 이기심으로부터 벗어나 참 자아를 실현하고자 하는 평상시의 수행력이 밑받침이 될 때 그 진정한 의미가 실현된다. 또한 올바른 신앙의 태도를 가질 때 한울님과의 진실한 영적 교류가 이루어지는 진정한 의식으로 수행될 수 있다.

천도교의 모든 의식 절차는 〈천도교의절天道教儀節〉로 별도로 규정되어 있다. 따라서 경전에 한정된 본편에서는 그것을 제대로 소개할 수 없다.

교인들은 매주 일요일에 소속 교구에 모여 집단 기도를 바치는 정례 의식인 시일식侍日式에 참여한다. 각 교당 정면에는 영부靈符의 형상적 상징을 통해 한울님을 기억하고 섬기도록 궁을원장弓乙原章이 배치되어 있다.

정기 시일식을 포함하여, 입교식, 7대 기념식(천일天日·지일地日·인

일人日·도일道日·현도顯道·삼일절·동학혁명기념식), 스승들의 탄신 및
환원還元 기념식, 사은謝恩 기도, 위령식, 혼례, 상례, 제례 등의 모
든 의식에는 심고心告와 주문呪文, 청수淸水의 세 가지가 반드시 포
함된다.

　이들 세 요소는 몸과 마음의 정화, 순결과 관계된다.

　심고心告는 내 몸에 모신 한울님을 살아 계신 부모님 모시고 섬
기듯 하는 지극한 마음으로 일상의 매사에 있어서나 일체 의식에
있어서 한울님께 아뢰는 행위로, 한울님을 잊지 않고자 하는 깨어
있는 영혼의 정성스런 표현이다. 심고는 한울님과의 영적 교제를
간절히 희구하는 마음으로 시작하며, 일체의 의식에 있어 주문염
송에 앞서 드리는 기도이다.

　주문呪文은 내 몸에 모신 한울님을 항상 잊지 않고 지극한 마음
으로 위하려는 뜻을 담고 있다. 의식의 목적 중 하나는 스스로가
한울님의 화신化身임을 깨닫고, 언제나 한울 사람의 본성을 잃지
않고 자아실현을 추구하는 힘을 얻는 성스런 시간이 되도록 하는
것이다.

　주문을 통해 자신이 궁극적으로 복귀해야 할 근원의 세계인 한
울님을 향하여 찾고 부르는 발원의 시간은 궁극적으로 한울님과
자신이 본래 하나임을 깨우치는 영원의 시간으로 통한다. 교인들
에게 있어 주문은 단지 의식에 있어서 뿐만이 아니라, 일상생활에
서도 잊지 않고 명상해야 할 가장 중요한 글이다.

　청수淸水는 모든 의식에 있어 각종 음식물을 대체하여 한울님

께 바치는 신앙의 상징이다. 맑은 청수 한 그릇은 한울님께 바치는 나의 정성이며, 동시에 스승들의 거룩한 희생의 정신을 담고 있다. 따라서 청수는 생명의 본성을 가장 잘 드러내는 상징으로서, 영혼의 정화와 한울님과의 일치를 염원하는 순수한 마음을 의미한다.

향아설위向我設位의 혁명적 제사법은 인류 문화양식 전체에 대한 대전환의 선언을 의미한다. 저 밖에, 앞에 신이 있다는 믿음의 체계를 뒤엎고, 살아 있는 현재의 내 안에서 신을 발견하고, 지금까지 저 벽을 향해 설치했던 제사상과 위패를 제사 지내는 나 자신을 향해서 설치하도록 가르친, 해월 최시형 선생 때부터 비롯된 의식이다.

향아설위의 정신은 무궁한 미래에도 바뀔 수 없는 의미를 가지고 있으며, 인류 문화의 중대한 대전환을 상징적으로 표현하는, 후천개벽後天開闢 역사의 핵심적 정신으로 인식되고 있다.

1. 참회와 기도

인생의 과정에서 생명의 본성으로부터 이탈하여 살아온 결과, 자신의 참 자아를 실현할 수 없었던 인간에게 있어 한울님을 향한 참회는 인생의 구원을 위한 기본 전제이다. 참회를 통해 과거의 허물과 죄악을 한울님으로부터 용서받아, 참삶을 새로이 일구어 갈 수 있다. 여기서는 과거를 참회하고 선을 실현하는 사람이 되기 위해 정성스런 수련에 전심하겠다고 다짐하는 참회문을 소개한다.

일생을 통해 나 자신을 선한 인간으로 바꿀 수 있다면, 이미 그 것으로 인생의 목표는 충분히 성취한 것이다. 기도는 자신 안에 모셔져 있는 한울님과의 대화이다. 그것은 진실한 마음으로서만 가능하다. 그래서 심고라고 이른다.

우리들의 기도는 어떤 내용인가? 보통 기도란 고통과 불행으로 부터 벗어나게 해달라는 욕구, 돈·명예·안락함·힘·건강에 대한 욕망을 성취해달라는 간구들이다. 이는 바로 자신을 위한 기도이 다. 한울님은 우리에게 모든 욕망, 집착을 비우라고 가르친다. 자 신의 욕망을 위한 그러한 기도는 근본적으로 한울님의 뜻과 반대 된다. 우리의 기도는 이러한 부조리를 안고 있다. 여기에서 소개한 구절은 무엇을 위해서 기도할 것인가를 알려준다. 자신 안에 한울 님을 모시고 있는 사람이라면 스스로 참사람 되기를 기원하는 것 이 진정한 기도임을 알려준다.

1) 참회

저는 이 나라에 태어나 살면서 인륜人倫에 참여하여 천지의 덮고 실어주는 은혜를 느끼며 일월이 비춰주는 덕을 입었으나, 아직 참 에 돌아가는 길을 깨닫지 못하고 오랫동안 고해에 빠져서 마음에 잊고 잃음이 많더니, 이제 이 성세聖世에 도를 스승님께 깨달아 이 전의 허물을 참회하고 일체의 선善에 따르기를 원하여, 길이 모셔 잊지 아니하고 도를 마음공부에 두어 거의 수련하는 데 이르렀습니다. 이제 좋은 날에 도장을 깨끗이 하고 지극한 정성과 지극한 소원으로 받들어 청하오니 감응感應하옵소서.   《동경대전》〈참회문〉

2) 기도

"한울님을 모시는 절차는 무엇입니까?"

"아침에 일어나면 먼저 한울님을 향하여 종일토록 선한 사람이 되기를 축원하며, 밥을 먹을 때에는 먼저 한울님께 향하여 육신을 자양하는 덕을 축하하며, 생각이 동하든지 말을 하고자 하든지 일을 행하고자 할 때에 먼저 한울님께 향하여 선한 사람이 되기를 축원하며, 인하여 자세히 기억하였다가 저녁에 잠을 잘 때를 당하여 당일 일어났던 일들을 조사하여 선악의 부분을 정한 후에, 한울님을 받들어 선한 것은 한울님께 은덕을 축하하며 악한 것은 자기가 회개하기를 축원하되, 매일 한 모양으로 절차를 행하느니라."

《의암성사법설》〈현기문답〉

2. 의례의 3요소와 향아설위向我設位

이 항목에서는 천도교 의례의 세 가지 요소인 심고心告, 주문呪文, 청수淸水와 후천개벽의 중대한 전환을 상징적으로 표현해주고 있는 향아설위向我設位에 관한 구절들을 소개한다.

먼저 심고는 모든 의식에 있어서 선행되어야 할 자리를 차지한다. 의식에 있어서 뿐만 아니라 일상생활 속에서 매사에 한울님의 은덕을 잊지 않으려는, 깨어 있는 정성스런 마음의 표현이다. 한울님과의 직접적 감응을 원하는 마음이 실제로 실현되는 시간이다. 심고는 주문을 통한 명상에 앞서 드리는 기도이다.

주문염송은 한울님으로 향해 마음을 모으고, 영적 합일을 목표로 한다.

여기서는 주문의 뜻을 설명해주는 구절을 소개한다. 그것은 자기 안에 모셔져 있는 한울님을 지극한 마음으로 위하고 섬기는 내용을 담고 있다.

이어 일체의 의식에 있어 각종 음식물을 폐하고 청수 한 그릇으로 대체하여 봉전하는 구절을 다룬다. 맑은 청수는 생명의 본성을 가장 잘 드러내주는 상징으로서, 영혼의 정화를 의미한다.

마지막으로 천도교의 제사원리인 향아설위법을 소개한다.

1) 심고心告

젖과 곡식은 다 이것이 천지의 녹祿이니라. 사람이 천지의 녹인 줄을 알면 반드시 식고食告하는 이치를 알 것이요, 어머님의 젖으로 자란 줄을 알면 반드시 효도로 봉양할 마음이 생길 것이니라. 식고는 반포反哺의 이치요 은덕을 갚는 도리이니, 음식을 대하면 반드시 천지에 고告하여 그 은덕을 잊지 않는 것이 근본이 되느니라.

《해월신사법설》〈천지부모〉

잘 때에 "잡니다." 고_告하고, 일어날 때에 "일어납니다." 고하고, 물 길러 갈 때에 "물 길러 갑니다." 고하고, 방아 찧으러 갈 때에 "방아 찧으러 갑니다." 고하고, 정하게 다 찧은 후에 "몇 말 몇 되 찧었더니 쌀 몇 말 몇 되 났습니다." 고하고, 쌀 그릇에 넣을 때에 "쌀 몇 말 몇 되 넣습니다." 고하옵소서.

《해월신사법설》〈내수도문〉

2) 주문_{呪文}

"주문_{呪文}의 뜻은 무엇입니까?"

"지극히 한울님을 위하는 글이므로 주문이라 이르는 것이니, 지금 글에도 있고 옛 글에도 있느니라."　　　《동경대전》〈논학문〉

3) 청수_{淸水}

"만 가지를 차리어 벌여 놓는 것이 정성이 되는 것이 아니요, 다만 청수_{淸水} 한 그릇이라도 지극한 정성을 다하는 것이 옳으니라.

《천도교백년약사》

4) 향아설위의 제례법

신사_{神師}(해월신사 최시형)께서 "제사 지낼 때에 벽_壁을 향하여 위_位를 베푸는 것이 옳으냐, 나를 향하여 위를 베푸는 것이 옳으냐." 라고 물으셨다.

손병희孫秉熙가 "나를 향하여 위를 베푸는 것이 옳습니다."라고 대답하였다.

신사께서 "그러하니라. 이제부터는 나를 향하여 위를 베푸는 것이 옳으니라. 그러면 제물을 차릴 때에 혹 급하게 집어 먹었다면, 다시 차려서 제사를 지내는 것이 옳겠느냐 그대로 지내도 옳겠느냐."라고 말씀하셨다.

손천민孫天民이 "그대로 제사를 지내는 것이 옳겠습니다."라고 대답하였다. (중략)

임규호任奎鎬가 "나를 향하여 위를 베푸는 이치는 어떤 연고입니까?"라고 물었다.

신사께서 "나의 부모는 첫 조상으로부터 몇 만대에 이르도록 혈기를 계승하여 나에게 이른 것이요, 또 부모의 심령은 한울님으로부터 몇 만대를 이어 나에게 이른 것이니 부모가 죽은 뒤에도 혈기는 나에게 남아 있는 것이요, 심령과 정신도 나에게 남아 있는 것이니라. 그러므로 제사를 받들고 위를 베푸는 것은 그 자손을 위하는 것이 본위이니, 평상시에 식사를 하듯이 위를 베푼 뒤에 지극한 정성을 다하여 심고하고, 부모가 살아 계실 때의 교훈과 남기신 사업의 뜻을 생각하면서 맹세하는 것이 옳으니라."라고 대답하셨다. (중략)

신사께서 "마음으로 백년상百年喪이 옳으니라. 천지부모天地父母를 위하는 식고食告가 마음의 백년상이니, 사람이 살아 있을 때에 부모의 생각을 잊지 않는 것이 영세불망永世不忘이요, 천지부모 네 글자를 지키는 것이 만고사적_{萬古事蹟} 분명하다고 말하는 것이니라."라고 하셨다. 《해월신사법설》〈향아설위_{向我設位}〉

제7장

개인윤리와 이상적 삶

《어린이》의 표지

이 장은 죽임의 문화를 극복하고 살림의 문화를 실현할 생명윤리와 새로운 정신·도덕으로 개벽된 신인간의 이상적 삶과 관련된 주제들을 다루고 있다.

천도교의 생명윤리는 모든 개인과 만물 안에 한울님이 모셔져 있다는 자각으로부터 출발된다. 인종·문화·성·계급 등의 차별을 넘어서 모든 인간의 영성적 평등을 자각하고, 우주 만물이 한울님의 신령성이 창조적으로 표현되어 가는 살아 있는 생명체임을 자각하게 되면, 모든 인간과 전 생명계를 존중하고 사랑하며, 아끼고 섬기는 삶으로 자연스럽게 변화될 것이다.

세속적 일상의 삶 안에서 생명을 섬기는 덕을 인간과 사회, 자연계에 두루 실현하게 될 때, 현재의 생명 파괴와 죽임, 오염의 삶을 극복하고 자연계와의 평화로운 공생을 이룰 수 있게 되며, 개인의 인간성 상실과 소외의 삶을 극복하고 풍요로운 영성적 인격체로 전환될 수 있으며, 온갖 사회적 불신과 타락, 분열을 극복하고 연대와 조화, 협력에 기초한 하나 됨의 세상을 성취할 수 있게 될 것이다.

한울님은 인간으로 또한 세계와 자연물로 스스로 전화되면서, 그 안에서 살아가시는 우주 생명 그 자체라는 시천주侍天主를 올바르게 이해하고 믿게 됨으로부터 시작한 영성적 삶은 만 생명에 대한 공경·자비·존중의 실천 속에서 그 이상을 실현하게 된다.

한울님과 하나 됨을 이룬 사람에게는 온 생명체를 사랑하고 아끼고, 존중하며 섬기는 것이 그의 영혼으로부터 자연스럽게 넘쳐 나오게 된다. 인간의 참된 본성을 자각하고 회복하여 마침내 자아 중심성을 이겨낸 그들 영적 인격체는 성령性靈이 삶의 주인이 되어 한울님의 뜻과 이치에 온통 스스로를 맡긴다. 그들은 사사로운 이기적 삶을 넘어서 온 생명과 화해하며, 더불어 사는 정신을 실현한다.

그들의 섬김 실천은 매일 이어지는 세속의 일상생활 속에서 이루어진다. 섬김이야말로 자비와 사랑의 극치이다. 섬김의 행위는 만 생명을 살리는 천덕天德의 본질이다. 그리하여 하루하루 그들의 영혼 내면에서는 한울님이 죽임 당하지 않고, 꾸준히 커가고 있다.

그들의 생명 공경은 인간에 국한되지 않는다. 궁극적 실재, 인간, 자연계와 모든 물건에 이르기까지 하나의 한울님임을 바르게 자각하여 만물에까지 미친다.

여기에 소개된 삼경三敬 사상은 무형·유형의 전 생명계에 걸친 섬김의 실천을 요구한다. 이러한 생명에 대한 일관된 태도는 궁극적으로 현실을 성화하며, 세계를 진리의 세상으로 변화시킬 것이다.

여기에서는 생명의 존엄성을 구현하고, 만물과 더불어 살아감을 가능케 하는 생활 속에서의 규준規準인 십무천十毋天을 소개하고 있다.

그것은 ① 생명에 대한 거짓과 기만을 버림 ② 오만, 자만심, 멸시, 우월감, 자기중심주의의 극복 ③ 일체의 폭력 거부와 종식 ④ 분란, 분열의 거부 ⑤ 생명의 파괴, 착취, 남획, 도살 등의 반대 ⑥ 생명의 정화 ⑦ 생명이 주리게 하지 말 것 ⑧ 생명 파괴, 분열 등 하나

됨을 부수는 일을 하지 말 것 ⑨ 생명이 싫어하는 일의 금지 ⑩ 생명의 거룩함을 짓밟지 말 것 등의 내용으로서, 생명의 고귀함과 존엄성을 키우고, 살리도록 하기 위한 생명계 전체의 실천 원리를 담고 있다.

1. 정신개벽과 생명 살림

이 항목에서는 현실의 일상적 삶 속에서 구현해야 할 이상적 삶의 비전을 세 가지 주제로 다룬다. 그것은 인간성 상실을 극복하기 위한 새로운 정신개벽의 지향점이자 출발점이기도 하다.

첫 번째 주제는 인간 안에 빛나고 있는 우주적 영성의 자각과 회복이 정신 개벽의 요체이며 구원의 길임을 설명하고 있다. 인간 안의 참된 본성을 발견하고 실현하기 위해서는 자기의 육신적 삶에 사로잡히지 않는 자기 초월과 통찰이 필요하다. 진정한 한울 사람은 자신의 성령性靈을 영원한 주인으로 모시고 살아가는, 항상 깨어 있는 마음의 소유자이다.

두 번째 주제에서는 우주 안의 모든 생명을 공경하고, 사랑하며, 아끼고, 존중하는 '생명 섬김'의 실천이 새로운 도덕의 완성이며 출발점이라는 가르침을 준다. 진정한 섬김의 행위는 모든 생명에 대해 차별 없이 이루어지고, 더 나아가 부모에게 효도하고 봉양하는 마음처럼 우러날 때 도덕의 극치로 이어짐을 깨우치고 있다.

1) 영성靈性에의 자각과 회복

너는 반드시 한울이 한울이 된 것이니, 어찌 영성靈性이 없겠느냐.
영은 반드시 영이 영이 된 것이니, 한울은 어디 있으며 너는 어디 있는가.

구하면 이것이요 생각하면 이것이니, 항상 있어 둘이 아니니라.

《의암성사법설》〈법문〉

2) 생명 섬김

나도 또한 그 말씀에 감동하여 그 영부靈符를 받아 그려서 물에 타서 마셔본즉 몸이 윤택해지고 병이 낫는지라, 비로소 선약仙藥인 줄 알았더라. 이것을 병에 써보았더니 혹은 낫기도 하고 혹은 낫지 않기도 하므로 그 까닭을 알 수 없어 그러한 이유를 살펴보니 정성 드리고 또 정성을 드리어 지극히 한울님을 위하는 사람은 매번 들어맞고, 도덕을 순종치 않는 사람은 하나도 효험이 없었으니 이것은 영부를 받는 사람의 정성과 공경에 달린 것이 아니겠는가.

《동경대전》〈포덕문〉

천지는 만물의 아버지요 어머니이니라. (중략)

"존칭하여 부모와 더불어 같이 섬긴다."는 것은 옛 성인이 밝히지 못한 일이요 수운 대선생님께서 비로소 창명하신 큰 도이니라. 지극한 덕이 아니면 누가 능히 알겠는가. 천지가 그 부모인 이치를 알지 못한 것이 5만 년이 지나도록 오래되었으니, 다 천지가 부모임을 알지 못하면 억조창생이 누가 능히 부모에게 효도하고 봉양하는 도로써 공경스럽게 천지를 받들 것인가.

천지부모를 길이 모셔 잊지 않는 것을 깊은 물가에 이르듯이 하며 엷은 얼음을 밟는 듯이 하여, 지성으로 효도를 다하고 극진히 공경을 다하는 것은 사람의 자식 된 도리이니라.

그 아들과 딸 된 자가 부모를 공경치 아니하면, 부모가 크게 노하여 가장 사랑하는 아들딸에게 벌을 내리나니, 경계하고 삼가라.

《해월신사법설》〈천지부모〉

2. 영적 인격체, 신인간新人間의 삶

이 항목에서는 새로운 정신, 새로운 도덕으로 개벽된 신인간의 이상적 삶의 모습들을 보여주는 구절들이 소개된다.

먼저 정신의 개벽을 통해 과거의 내 마음이 본래의 한울님 마음으로 바뀌어, 육신의 욕망에 갇힌 나는 죽고 성령性靈의 나로 다시 태어난, 영적 신생新生의 삶을 제시한다. 그리하여 삶과 세계를 보는 눈이 새

《신인간》의 표지

롭게 바뀐 신인간은 궁극적으로 한울님의 뜻에 스스로를 맡긴다.

다음으로 새롭게 거듭 태어난 인간은 사사로운 이기적 삶을 떠나, 온 생명과 더불어 살며, 한울님의 진리에 따르는 삶을 실현한다. 종교적 실천의 가장 높은 형태로서 자기 중심성을 벗어난 무사無私의 정신을 소개한다.

세 번째로는 일상생활 속에서, 가정 속에서, 세속적 삶 속에서 살면서 마음속에 한울님을 기르고, 키우는 삶을 권고하고 있다. 세상 속에 살되 항상 한울님과 함께 사는 삶을 제시한다.

마지막으로 세속 속에서의 영적인 삶을 통해 현실을 성화시키고, 세계를 진리화하는 신인간의 삶의 목표를 설명하는 구절을 소개한다.

1) 정신개벽과 성령性靈 주체

큰 바다가 번복하면 어족이 다 죽듯이, 대기大氣가 번복하면 인류가 어떻게 살기를 도모하겠느냐.

일후에 반드시 이러한 시기를 한번 지나고서야 우리의 목적을 달성할 것이니, 이신환성以身換性(육신 관념을 본래의 성령으로 바꾸어놓음)은 이러한 시기에 살기를 도모하는 오직 하나의 큰 방법이니라.

성심誠心 수련으로써 본래의 성품으로 바꾸라.

후천개벽後天開闢의 시기의 처한 우리는 먼저 각자의 성령과 육신부터 개벽해야 하느니라.

만일 자기의 성령·육신을 자기가 개벽하지 못하면 포덕광제布
德廣濟(한울님의 덕을 세상에 펴서 널리 구제함)의 목적을 어떻게 달성
하겠느냐. 대신사 말씀하시기를 "한울님께 복록 정해 수명을랑 내
게 비네." 하셨으니 이것은 몸을 성령으로 바꾸어야 한다는 말씀
이니라.　　　　　　　　　　　　　《의암성사법설》〈이신환성설〉

　　그러나 정신을 개벽코자 하면 먼저 스스로 높은 체하는 마음을
모실 시侍자로 개벽하고, 스스로 높은 체하는 마음을 개벽코자 하
면 의심스럽고 두려운 마음을 정할 정定자로 개벽하고, 의심스럽
고 두려운 마음을 개벽코자 하면 아득하고 망령된 생각을 알 지知
자로 개벽하고, 아득하고 망령된 생각을 개벽코자 하면 먼저 육신
관념을 성령性靈으로 개벽하라.
　　'천하 일만 생각이 모두 한 몸에 있으니, 앞의 물결이 겨우 쉬면
뒤의 물결이 일어난다.'는 이 생각이 어느 때에 없어질 것이냐. 이
것을 끊으려고 불가능의 심력을 공연히 허비치 말고, 다만 '내 속
에 어떤 내가 있어 구부리고 펴고 또 고요하고 움직이는 것을 가
르치고 시키는가.' 하는 생각을 일마다 생각하여 오래도록 습성을
지니면, 성품과 몸 두 가지에 어느 것이 주체요 어느 것이 객체인
것과 어느 것이 중重하고 어느 것이 경輕한 것을 스스로 깨닫게 될
것이니, 이 깨달음이 곧 육신을 개벽하는 것이니라.
　　　　　　　　　　　　　　　《의암성사법설》〈인여물개벽설〉

2) 무사無私와 더불어 삶

두려움이 되는 바를 알지 못하거든 지극히 공변되게 하여 사사로움이 없는가 생각하라.

마음의 얻고 잃음을 알지 못하거든 마음 쓰는 곳의 공公과 사私를 살피라.　　　　　　　　　　　　　　　　《동경대전》〈전팔절前八節〉

내 항상 말할 때에 한울님 말씀을 이야기하였으나 한울님 말씀이 어찌 따로 있으리오.

사람의 말이 곧 한울님 말씀이며 새소리도 역시 시천주侍天主의 소리니라. 그러면 한울님 말씀과 사람의 말의 구별은 어디서 분별되는 것이냐 하면, 한울님 말씀은 대개 강화降話로 나오는 말을 이름인데 강화는 사람의 사사로운 욕심과 감정으로 생기는 것이 아니요, 공변된 진리와 한울님 마음에서 나오는 것을 가리킴이니, 말이 이치에 합하고 도에 통한다 하면 어느 것이 한울님 말씀이 아니겠느냐.　　　　　　　　　　　　《해월신사법설》〈천어天語〉

3) 생활 속의 양천주養天主

내 핏덩어리만이 아니니 어찌 시비是非하는 마음이 없으리오마는, 만일 혈기를 내면 도를 상하므로 내 이를 하지 아니하노라. 나도 오장五臟이 있거니 어찌 탐욕하는 마음이 없으리오마는, 내 이를 하지 않는 것은 한울님을 봉양하는 까닭이니라. 이는 다 대선생님의 명교命敎를 잊지 아니하는 것이라. 그러므로 내 이같이 하

노라.   《해월신사법설》〈대인접물〉

내 항상 한울님 말씀과 사람의 말의 구별을 말하였거니와, 마음
으로써 마음을 다스림도 또한 이 이치에서 생긴 것이라. 사람의
마음에 어찌 두 가지 뿌리가 있으리오. 다만 마음은 하나이지마는
그 씀에 있어 하나는 주인 된 마음이 되고 하나는 다스려질 마음
이 되나니, 주인 된 마음은 한울님 마음이요 다스려질 마음은 사
람의 마음이니라.   《해월신사법설》〈이심치심〉

4) 생활의 성화聖化, 진리의 생활화

한울님은 화생化生하는 직분을 지키므로 잠깐도 쉬고 떠나지 못
하는 것이라. 만일 한울님이 일분일각이라도 쉬게 되면 화생 변화
하는 도가 없을 것이요, 사람이 또한 일용日用의 도를 잠시라도 떠
나게 되면 허령창창虛靈蒼蒼한 영대(마음)가 가난하고 축날 것이라.
이러므로 수고롭고 괴롭고 부지런하고 힘쓰는 도는 금수라도 스
스로 지키어 떠나지 않거든 하물며 사람이야 이것을 저버리며 떠
날 바리오.

두려워하고 삼감은 더욱 군자의 절중함이라. 군자는 능히 이 사
단을 지키어 천도를 순히 함이니, 어찌 삼가지 아니하리오.

대저 천도가 여기에 지날 바 없는지라, 삼가 지킬진저! (중략)

군자는 이것을 능히 알고 순히 지켜서 잠시라도 떠남이 없으므
로, 영대가 한울님같이 신령하고 그 밝음이 일월 같고 그 앎이 귀

신 같아서, 천지로 더불어 그 덕을 합하고 일월로 더불어 그 밝음을 합하고 귀신으로 더불어 그 길흉을 합할지라.

《의암성사법설》〈권도문〉

3. 생명윤리와 삼경三敬

이 항목에서는 생명의 존엄성을 구현하고, 만물을 살리고, 더불어 살아갈 근거인 생명 윤리에 관한 구절을 모았다.

먼저 일상생활에서 한울님의 도를 실현하는 기준으로서 '십무천十毋天'을 제시한다. 나와 한울님이 본래부터 하나의 기운, 한 몸인 진리의 가르침을 실현하고자 하면 일상적 삶 속에서 모든 생명을 살리고, 섬기며, 진실하게 관계 맺는 과정에서 이루어져야 한다.

경전에서 밝히는 이상적 삶이란 나의 정신, 몸, 생활을 한울님의 본성에 일치하도록 변혁시키는 것이다. 현대 문명 속에 살면서 온 생명을 공경하는 삶의 실천은 혁명적 자기 변화를 요구한다.

이어서 공경의 대상은 무형의 한울님, 모든 사람, 모든 사물에까지 이르러야 함을 가르치는 구절들이 소개된다. 궁극적 실재와 세계, 인간은 하나의 몸이라는 인식에서 삼경三敬의 윤리 의식은 자연스럽게 도출된다. 내 마음의 한울님 공경, 아동과 여성 존중에 대한 교훈, 관용과 화해, 온유한 마음, 부부간의 화합과 순종, 겸양의 덕목을 실천할 것을 요구하는 구절이 소개되고, 마지막으로 천

지 만물의 생명에 대한 공경심에 이르러서야 공경의 극치이며 도
덕의 마지막 실현임을 깨우치는 구절이 소개된다.

1) 십무천十毋天과 살림의 도道

(1) 한울님을 속이지 말라.

(2) 한울님을 거만하게 대하지 말라.

(3) 한울님을 상하게 하지 말라.

(4) 한울님을 어지럽게 하지 말라.

(5) 한울님을 일찍 죽게 하지 말라.

(6) 한울님을 더럽히지 말라.

(7) 한울님을 주리게 하지 말라.

(8) 한울님을 허물어지게 하지 말라.

(9) 한울님을 싫어하게 하지 말라.

(10) 한울님을 굴하게 하지 말라.

《해월신사법설》〈십무천十毋天〉

천지 섬김을 부모 섬김과 같이 하되, 출입에 반드시 고告하고
혼정신성昏定晨省의 예의를 한결같이 하는 것은, 개벽 5만 년 이후
에 선생께서 시창始創한 것이라. 반드시 그런 이치가 있으므로 이
에 그러한 도를 시창하여, 사람으로 하여금 이 덕을 알게 하여 이
도를 닦게 하는 것이니라. 　　　　　《해월신사법설》〈도결〉

2) 경천敬天

사람은 첫째로 한울님을 공경하지 아니치 못할지니, 이것이 돌아가신 스승님(최제우)께서 처음 밝히신 도법이라. 한울님을 공경하는 원리를 모르는 사람은 진리를 사랑할 줄 모르는 사람이니, 왜 그러냐 하면 한울님 공경은 진리의 중심을 잡은 것이므로써이다.

그러나 한울님을 공경함은 결단코 빈 공중을 향하여 상제를 공경한다는 것이 아니요, 내 마음을 공경함이 곧 한울님을 공경하는 도를 바르게 아는 길이니, "내 마음을 공경치 않는 것이 곧 천지를 공경치 않는 것이라." 함은 이를 이름이었다. 사람은 한울님을 공경함으로써 자기의 영원한 생명을 알게 될 것이요, 한울님을 공경함으로써 모든 사람과 만물이 다 나의 동포라는 전체의 진리를 깨달을 것이요, 한울님을 공경함으로써 남을 위하여 희생하는 마음과 세상을 위하여 의무를 다할 마음이 생길 수 있나니, 그러므로 한울님을 공경함은 모든 진리의 중심이 되는 부분을 움켜잡는 것이니라.　　　　　　　　　　　　　　《해월신사법설》〈삼경〉

3) 경인敬人

둘째는 사람을 공경함이니 한울님을 공경함은 사람을 공경하는 행위에 의지하여 사실로 그 효과가 나타나는 것이니라. 한울님만 공경하고 사람을 공경함이 없으면 이는 농사의 이치는 알되 실지로 종자를 땅에 뿌리지 않는 행위와 같으니, 도 닦는 사람이 사람을 섬기되 한울님과 같이 한 후에야 처음으로 바르게 도를 실행하

는 사람이니라.　　　　　　　　　　　　《해월신사법설》〈삼경〉

(1) 어린이와 여성 존중

　내가 청주를 지나다가 서택순徐珵淳의 집에서 그 며느리의 베 짜는 소리를 듣고 서 군에게 묻기를 "저 누가 베를 짜는 소리인가." 하니, 서 군이 대답하기를 "제 며느리가 베를 짭니다." 하는지라, 내가 또 묻기를 "그대의 며느리가 베 짜는 것이 참으로 그대의 며느리가 베 짜는 것인가?" 하니, 서 군이 나의 말을 분간치 못하더라. 어찌 서 군뿐이랴. 도인道人의 집에 사람이 오거든 사람이 왔다 이르지 말고 한울님이 강림하셨다 말하라.

　도인의 집 부인은 경솔히 아이를 때리지 말라. 아이를 때리는 것은 곧 한울님을 때리는 것이니 한울님이 싫어하고 기운이 상하느니라. 도인의 집 부인이 한울님이 싫어하고 기운이 상함을 두려워하지 아니하고 경솔히 아이를 때리면, 그 아이가 반드시 죽으리니 일절 아이를 때리지 말라.　　　《해월신사법설》〈대인접물〉

(2) 관용과 화합

　사람을 대하고 물건을 접함에 반드시 악을 숨기고 선을 찬양하는 것으로 주主를 삼으라. 저 사람이 포악暴惡으로써 나를 대하면 나는 어질고 용서하는 마음으로써 대하고, 저 사람이 교활狡猾하고 교사巧詐하게 말을 꾸미거든 나는 정직하게 순히 받아들이면 자연히 돌아와 화하리라. 이 말은 비록 쉬우나 몸소 행하기는 지극히 어려우니 이런 때에 이르러 도력을 볼 수 있느니라. 혹 도력이 차지 못하여 경솔하고 급작스러워 인내가 어려워지고 경솔하여 상충되는 일이 많으니, 이런 때를 당하여 마음을 쓰고 힘을 쓰는 데 나를 순히 하여 나를 처신하면 쉽고, 나를 거슬려 나를 처신하면 어려우니라. 이러므로 사람을 대할 때에 욕辱을 참고 너그럽게 용서하여, 스스로 자기 잘못을 책하면서 나 자신을 살피는 것을 주로 하고, 사람의 잘못을 그대로 말하지 말라.

《해월신사법설》〈대인접물〉

남을 훼방하고 배척하여 삶을 상하게 하는 것은 군자가 이르기를 불효라 하였으니, 사람의 장단長短을 말하는 것은 도덕에 크게 해로우니라. 양공良工은 구부러진 재목을 거절하지 아니하고, 명의名醫는 병든 사람을 거절하지 아니하고, 성인의 도를 배우는 자리에는 어리석은 사람을 거절하지 아니하느니라.

《해월신사법설》〈대인접물〉

(3) 사랑과 온유함

한 사람이 착해짐에 천하가 착해지고, 한 사람이 화해짐에 한 집안이 화해지고, 한 집안이 화해짐에 한 나라가 화해지고, 한 나라가 화해짐에 천하가 같이 화하리니, 비 내리듯 하는 것을 누가 능히 막으리오. (중략)

사람을 대할 때에 언제나 어린아이같이 하라. 항상 꽃이 피는 듯이 얼굴을 가지면 사람을 융화하고 덕을 이루는 데 들어가리라.

《해월신사법설》〈대인접물〉

사람이 반드시 서로 사랑해야 큰 도를 반드시 얻으리니, 항상 생각하고 생각하라. 내가 뭇사람을 사랑하면 뭇사람이 한울 길에 가서 영靈의 다리를 반드시 이룰 것이요, 뭇사람이 나를 사랑하면 내가 한울 길에 가서 영의 다리를 반드시 이룰 것이니, 돌보고 돌보아 서로 사랑하면 반드시 성과를 얻을 수 있느니라. 성性·심心·신身 삼단三端으로 서로 돕고 서로 사랑하면 대도의 큰 근본이 되느니라.

《의암성사법설》〈무체법경 신통고〉

(4) 효와 부화부순夫和婦順

부부는 곧 천지라. 천지가 화하지 못하면 이는 한울님이 싫어하나니, 싫어하면 화를 주고 기뻐하면 복을 내릴 것이니 가내가 화순和順한 곳이 되도록 더욱 힘쓰는 것이 어떠하리오.

《해월신사법설》〈도결〉

부화부순夫和婦順은 우리 도의 제일 종지宗旨니라.

도를 통하고 통하지 못하는 것이 도무지 내외가 화순하고 화순치 못하는 데 있느니라. 내외가 화순하면 천지가 안락하고 부모도 기뻐하며, 내외가 불화하면 한울님이 크게 싫어하고 부모가 노하나니, 부모의 진노는 곧 천지의 진노니라.

천지가 편안하고 즐거워하는 미묘한 것은 보기 어려우나, 진노하는 형상은 당장에 보기 쉬우니, 크게 두렵고 두렵도다. 부부가 화순하면 한울님이 반드시 감응하여 일 년 삼백육십 일을 하루아침같이 지내리라. 《해월신사법설》〈부화부순夫和婦順〉

(5) 겸양

악한 사람은 선하게 대하는 것만 같지 못하니라. 나의 도가 바르면 저 사람이 반드시 스스로 바르게 되리니, 어느 겨를에 그 곡직曲直을 가리고 장단을 비교하겠는가. 겸양謙讓은 덕을 세우는 근본이니라. 어진 것은 대인의 어진 것과 소인의 어진 것이 있나니 먼저 나를 바르게 하고 사람들과 융화하는 것은 대인의 어진 마음이니라. 《해월신사법설》〈대인접물〉

4) 경물敬物

천지는 이미 부모의 이름자가 있고 또한 부모의 은덕이 있은즉, 부모에게 효도하는 도로써 받들어서 부모같이 섬기고, 공경하여 부모같이 봉양함이 또한 마땅하지 않으며 또한 옳지 않겠는가. 선성先聖이 다만 신체발부身體髮膚를 부모에게서 받은 은혜만 말하고, 천지에게서 받은 근본을 명확히 말하지 않은 까닭을, 선성이 어찌 알지 못한다 하리오. 때에는 그때가 있고 운에는 그 운이 있어서, 먼저 미래의 도를 발설하지 못하여 그러한 것이니라.

《해월신사법설》〈도결〉

셋째는 물건을 공경함이니 사람은 사람을 공경함으로써 도덕의 최고 경지가 되지 못하고, 나아가 물건을 공경함에까지 이르러야 천지기화天地氣化의 덕에 합일될 수 있느니라.

《해월신사법설》〈삼경〉

제8장

사회윤리와 이상적 사회

《신여성》의 표지

이 장에서는 사회 공동체와 자연 생태계의 파괴가 일상화된 죽임의 세계를 극복하고 살림의 세계로 나아가기 위한 사회적 실천의 길과 천도교가 가르치는 이상적 사회를 실현하기 위한 인식과 가치의 전환에 대해서, 또한 새로운 이상적 문명의 토대와 지향에 관한 주제들을 다룬다.

무극대도無極大道는 선천의 암울한 인류 문명에 대한 응전으로서의 '다시 개벽'을 위한 해답 체계이다. 인간을 포함한 세계 만물이 한울님의 적극적 현현체로서, 살아 있는 하나의 거룩한 내 몸이라는 자각을 바탕으로 한 생명의 세계관·가치관으로 정신을 개벽하여 개인의 생활양식뿐만 아니라, 사회의 집합 표상을 변혁하고, 인류의 공통적 비전인 새로운 영성 문명으로 나아가기 위해 사회체제를 개벽하고자 하는 총체적 문화·문명 전환 설계도로서, 온 생명이 생명답게 살 수 있는 생명의 낙원을 이루고자 하는 희망을 고취시킨다.

'다시 개벽'의 웅장한 새 역사를 실현하는 단초는 바로 인간의 근원인 한울님에게로 우리의 정신과 생활을 다시 향하는 일로부터 열린다. 지금 낡은 선천의 문화체계는 붕괴하고 있다. 새로운 차원의 문화 체계가 창조되어야 할 때이다. 진정한 종교인의 삶은 세상과 역사로부터 벗어난 삶이 아니라, 한울님의 뜻과 의지를 현실에서 구현하고, 새로운 사회질서를 이루기 위해 헌신하는 삶을 사는 것이다. 가장 높은 형태의 종교적 삶은 인간과 세상을 새로운 차원으로 개벽하는 일이다.

현재까지의 인류는 개인과 사회, 자연 생태계의 전 차원에서 인간성 상실과 사회와 생태계의 붕괴와 파괴라는 총체적 위기 속에서 죽임의 세계를 만들어왔다. 선천의 문명은 더 이상 인류에게 비전을 주지 못하고 해체되어가고 있다. 우리는 나의 삶을 바쳐 추구할 만한 건전한 가치를 상실한 시대에 살고 있다. 새로운 가치, 새로운 시대정신, 새로운 문명에로의 전환을 요구받고 있다.

경전에서 밝히는 후천개벽의 차원적 교체와 전환의 소식은 지금까지의 세계관·가치관과는 다른 차원의 인식세계의 도래를 전제로 새로운 인간, 새로운 세계를 낙관하고 있다. 성숙한 도덕적 인간들에 의해 창조되는, 생명의 가치가 존중되고 실현되는 살림의 세계는 생명 섬김의 보편 윤리와 덕이 일상 속에서 실천되는 과정으로부터 구현된다.

선천의 역사, 특히 근대사는 '투쟁을 통해서' 진보해왔다. 물질과 경제주의 가치관에 기초한 욕망의 추구, 경쟁과 차별·불평등의 구조화, 남성과 강력한 권력 중심, 자연 생태계를 착취하는 인간 중심의 논리가 지배해왔다.

경전에서는 과거 선천 시대의 정신을 넘어서기 위해 '개벽을 통해서' 창조하고, 해방하는 길을 제시한다. 생명 가치가 구현되는 새로운 도덕 사회는 물질적 풍요와 권력이 그 자체로 목표가 되지 못하고, 수단이나 도구로서 인식되는 가치관이 통용된다. 그 사회는 물질로부터 해방되어 정신과 도덕이 주도해간다. 투쟁과 경쟁의 시장 논리에서 벗어나 공경과 관용, 연대와 일치의 정신이 새

로운 삶의 논리로서 자리 잡는다. 권력과 부의 가치가 도덕적 가
치로 대체된다.

생명의 가치를 훼손하고, 경시하며, 파괴하는 죽임의 문화는 생
명 살림의 문화로 바꾼다. 생명의 다양성이 한울님의 질서 안에서
조화롭게 통일되어 가는 공동체를 지향한다. 새로운 세계, 문명의
본질은 새로운 정신, 도덕이다. 후천개벽의 이상은 근대를 포함한
선천의 정신세계와는 전혀 다른 차원의 정신으로 바뀌어 한울님의
본성과 질서가 일상 현실에서 생활화, 사회화되도록 하는 것이다.

인류의 보편적 이상 사회는 어디에 있는가? 이상적 미래 사회는
인류의 마음속에 있다. 선천의 사고와 가치관에서 벗어나는 그곳
에 있다. 이상적 사회는 우리의 눈이 한울님을 향할 때 비로소 드
러난다고 경전은 가르치고 있다.

경전에서 나타나는 이상 사회의 비전은 선천의 종교적 천년왕
국과 같은 제한된 역사적 상상력의 범위를 뛰어넘는다. 지금까지
인류가 생각할 수 없었던 사회를 미래의 관점에서 생각하고 있으
며, 역사적 상상력의 범위가 무한대로 확장된, 그리하여 무궁히 진
화해가는 도정에 있는 이상적 신사회新社會를 알려주고 있다.

1. 영성적 사회와 살림의 길

이 항목에서는 사회와 생태계의 파괴를 일삼는 현실적 삶을 극

복하고, 생명의 가치가 존중되는 사회를 실현하기 위한 생명 살림의 길을 제시하는 구절들을 소개한다.

먼저 인간 사회와 자연 만물을 포괄하는, 나의 우주적 몸으로서의 우주 공동체의 평화구현이라는 도덕적 이상을 실현하기 위해서는, 천지를 부모처럼 섬기는 새로운 보편 윤리가 실천되어 나아갈 때 비로소 사회의 평화와 살림의 길이 열릴 수 있음을 깨우치는 구절로 시작한다.

생명 섬김으로 요약되는 사회적 덕성은 개인과 가정·사회, 전생명계가 성화되고 번영할 수 있는 보편적 희망의 도덕적 원천이될 수 있다. 상호 섬김의 관계 유지는 한울님을 궁극적 부모로 인식하는 공통 믿음의 토대에서부터 가능하다. 우리는 생명의 존엄을실천하는 섬김의 도덕 안에서 인류 가족, 더 나아가 천지 가족의공통적 희망을 발견할 수 있다. 여기에 소개한 구절들은 세속 속에살면서, 평화로운 세상을 이루기 위해 걸어가야 할 참된 길을 여성, 가정, 사회, 나라와 지구촌의 범주로 나누어 제시하고 있다.

1) 생명 섬김과 평화

근래에 와서 사람의 윤리가 업신여겨지게 되어 정녕 부모가 나를 낳아 길러주신 것을 알면서도 등한히 하고 소홀히 하여 효도하는 자가 매우 적거늘, 하물며 미묘난측微妙難測한 무형유적無形有跡의 천지부모의 이치를 누가 능히 경외하여 효성으로 봉양하겠는가.

《해월신사법설》〈도결〉

손병희가 "전란을 당하면 각국이 서로 병기를 가지고 승부를 결할 것이니, 이때를 당하여 우리 도인은 두 나라가 서로 싸우는 사이에서 어떤 좋은 생각으로 이길 수 있습니까?"라고 물었다.

신사神師(최제우)께서 대답하셨다. "전쟁은 다만 병기兵器만 가지고 이기는 것은 없느니라. 병전을 능가하는 것은 책전策戰이니, 계책이 지극히 큰 것이니라. 서양의 무기는 세상 사람이 견주어 대적할 자 없다고 하나, 무기는 사람 죽이는 기계를 말하는 것이요 도덕은 사람 살리는 기틀을 말하는 것이니, 그대들은 이때를 당하여 수도를 지극한 정성으로 함이 옳으니라.

큰 전쟁 뒤에는 반드시 큰 평화가 있는 것이니, 전쟁이란 평화의 근본이니라. 사상은 동방에 있고 기계는 서방에 있느니라. 구름이 서산에 걸히면 이튿날이 맑고 밝으니라."

《해월신사법설》〈오도지운吾道之運〉

2) 여성의 길

이것은 일남구녀一男九女를 비한 운이니, 지난 때에는 부인을 압박하였으나 지금 이 운을 당하여서는 부인 도통으로 사람 살리는 이가 많으리니, 이것은 사람이 다 어머니의 포태 속에서 나서 자라는 것과 같으니라. 《해월신사법설》〈부인수도〉

부모님께 효를 극진히 하오며, 남편을 극진히 공경하오며, 내 자식과 며느리를 극진히 사랑하오며, 하인을 내 자식과 같이 여기며, 육축六畜이라도 다 아끼며, 나무라도 생순을 꺾지 말며, 부모님 분노하시거든 성품을 거슬리지 말며 웃고, 어린 자식 치지 말고 울리지 마옵소서. 어린아이도 한울님을 모셨으니 아이 치는 것이 곧 한울님을 치는 것이오니, 천리를 모르고 일행 아이를 치면 그 아이가 곧 죽을 것이니 부디 집안에 큰 소리를 내지 말고 화순하기만 힘쓰옵소서. 이같이 한울님을 공경하고 효성하오면 한울님이 좋아하시고 복을 주시나니, 부디 한울님을 극진히 공경하옵소서.

가신 물이나 아무 물이나 땅에 부을 때에 멀리 뿌리지 말며, 가래침을 멀리 뱉지 말며, 코를 멀리 풀지 말며, 침과 코가 땅에 떨어지거든 닦아 없이 하고, 또한 침을 멀리 뱉고, 코를 멀리 풀고, 물을 멀리 뿌리면 곧 천지부모님 얼굴에 뱉는 것이니 부디 그리 아시고 조심하옵소서. (중략)

먹던 밥 새 밥에 섞지 말고, 먹던 국 새 국에 섞지 말고, 먹던 침채沈菜(김치) 새 침채에 섞지 말고, 먹던 반찬 새 반찬에 섞지 말고, 먹던 밥과 국과 침채와 장과 반찬 등절은 따로 두었다가 시장하거든 먹되, 고하지 말고 그저 "먹습니다." 하옵소서.

조석할 때에 새 물에다 쌀 다섯 번 씻어 안치고, 밥해서 풀 때에 국이나 장이나 침채나 한 그릇 놓고 고하옵소서.

금 난 그릇에 먹지 말고, 이 빠진 그릇에 먹지 말고, 살생하지 말고, 삼시를 부모님 제사와 같이 받드옵소서.

일가 집이나 남의 집이나 무슨 볼일 있어 가거든 "무슨 볼일 있어 갑니다." 고하고, 볼일 보고 집에 올 때에 "무슨 볼일 보고 집에 갑니다." 고하고, 일가나 남이나 무엇이든지 줄 때에 "아무것 줍니다." 고하고, 일가나 남이나 무엇이든지 주거든 "아무것 받습니다." 고하옵소서.

이 7조목을 하나도 잊지 말고 매사를 다 한울님께 고하오면, 병과 윤감輪感(감기)을 아니하고, 악질과 장학瘴瘧을 아니하오며, 별복鼈腹과 초학初瘧을 아니하오며, 간질癎疾과 풍병風病이라도 다 나으리니, 부디 정성하고 공경하고 믿어 하옵소서. 병도 나으려니와 우선 대도를 속히 통할 것이니, 그리 알고 진심 봉행하옵소서.

《해월신사법설》〈내수도문〉

포태하거든 육종肉種을 먹지 말며, 해어海魚도 먹지 말며, 논의 우렁도 먹지 말며, 도랑의 가재도 먹지 말며, 고기 냄새도 맡지 말며, 무론 아무 고기라도 먹으면 그 고기 기운을 따라 사람이 나면 모질고 탁하니, 일삭이 되거든 기운 자리에 앉지 말며, 잘 때에 반듯이 자고, 모로 눕지 말며, 침채(김치)와 채소와 떡이라도 기울게 썰어 먹지 말며, 울새 터 논 데로 다니지 말며, 남의 말 하지 말며, 담 무너진 데로 다니지 말며, 지름길로 다니지 말며, 성내지 말며, 무거운 것 들지 말며, 무거운 것 이지 말며, 가벼운 것이라도 무거운 듯이 들며, 방아 찧을 때에 너무 되게도 찧지 말며, 급하게도 먹지 말며, 너무 찬 음식도 먹지 말며, 너무 뜨거운 음식도 먹지 말며, 기대앉지 말며, 비껴 서지 말며, 남의 눈을 속이지 말라.

이같이 하지 말면 사람이 나서 요사夭死도 하고, 횡사橫死도 하고, 조사早死도 하고, 병신도 되나니, 이 여러 가지 경계하신 말씀을 잊지 말고 이같이 십삭十朔을 공경하고 믿어 하고 조심하오면 사람이 나서 체도도 바르고 총명도 하고 지국智局과 재기才技가 옳게 날 것이니, 부디 그리 알고 각별히 조심하옵소서.

이대로만 시행하시면 문왕文王 같은 성인과 공자 같은 성인을 낳을 것이니, 그리 알고 수도를 지성으로 하옵소서.

이 내칙內則과 내수도內修道하는 법문을 침상 가에 던져두지 말고, 조용하고 한가한 때를 타서 수도하시는 부인에게 외워 드려, 뼈에 새기고 마음에 지니게 하옵소서.

천지조화가 다 이 〈내칙〉과 〈내수도문〉 두 편에 들었으니, 부디 범연히 보지 말고 이대로만 밟아 봉행하옵소서.

《해월신사법설》〈내칙內則〉

3) 부부와 가정의 길

부부는 곧 천지라. 천지가 화하지 못하면 이는 한울님이 싫어하나니, 싫어하면 화를 주고 기뻐하면 복을 내릴 것이니 가내가 화순한 곳이 되도록 더욱 힘쓰는 것이 어떠하리오. 말을 지어 이에 미치니 크게 두렵고 크게 두려움이라, 경계하고 삼가서 함께 대운의 터전을 이루도록 복축하고 복축하나이다.

《해월신사법설》〈도결〉

남자는 하늘이요 여자는 땅이니, 남녀가 화합치 못하면 천지가

막히고, 남녀가 화합하면 천지가 크게 화하리니, 부부가 곧 천지란
이를 말한 것이니라.　　　　　　《해월신사법설》〈부화부순〉

4) 사회의 길

가련한 세상 사람
각자위심各自爲心하단 말가.
경천순천敬天順天 하였어라.
효박한 이 세상에
불망기본不忘其本하였어라.[29]

《용담유사》〈권학가〉

사계절의 차례가 있음에 만물이 생성하고, 밤과 낮이 바뀜에 일
월이 분명하고, 예와 지금이 길고 멀음에 이치와 기운이 변하지
아니하니, 이는 천지의 지극한 정성이 쉬지 않는 도인 것이니라.
나라 임금이 법을 지음에 모든 민중이 화락하고, 관리들이 법으로
다스림에 정부가 바르며 엄숙하고, 서민이 집을 다스림에 가도가
화순하고, 선비가 학업을 부지런히 함에 국운이 흥성하고, 농부가
힘써 일함에 의식이 풍족하고, 장사하는 사람이 부지런히 노고함
에 재물이 다하지 않고, 공업하는 사람이 부지런히 일함에 기계가
고루 갖추어지니, 이는 인민이 지극한 정성을 잃지 않는 도이니라.
《해월신사법설》〈성·경·신〉

---

29) 그 근본을 잊지 못하였어라.

5) 나라의 길

이러므로 나라에 도가 있으면 집과 사람이 충족되고 물건이 다 넉넉하며, 나라에 도가 없으면 백성이 궁하고 재물이 다하여 밭과 들이 거칠어지나니, 이것을 미루어 생각해보건대 백성이 일정한 생업이 없고 일정한 생각이 없으면 나라를 장차 안보하기 어려울 것은 손바닥을 보는 듯하니라.

왜 그런가. 나라라는 것은 양육하는 백성과 토지를 총칭한 이름이요, 임금이란 것은 백성을 다스리고 교화하는 어른이니, 어진 임금이 위에 계시어 교화와 법령으로써 뭇 백성을 거느리면 백성이 자연히 부강하여 그 나라가 편안할 것이나, 가혹한 정치가 미치는 곳엔 백성이 자연히 쇠잔하여 강토가 위태로운 것이니라.

《의암성사법설》〈명리전明理傳 치국평천하지정책장治國平天下之政策章〉

이러므로 세계 각국이 각각 문명의 도를 지키어 그 민중을 안보하고, 그 직업을 가르쳐서 그 나라로 하여금 태산같이 안전하게 하니, 이것은 별수 없이 도 앞에는 대적할 자 없다는 것이니라. 병력으로 치는 곳에는 아무리 억만 대중이 있다 할지라도 억만심億萬 心이 각각이요, 도덕이 미치는 곳에는 비록 열 집의 충성이 있다 할지라도 같은 마음 같은 덕이라, 보국의 계책이 무엇이 어려울 것인가. 그러면 천시天時와 지리地利가 쓸 곳이 없지 아니한가.

옛 사람이 말하기를 "지극히 잘 다스리는 시대에는 논밭이 넉넉하고, 비와 바람이 순하여 산천초목이 다 생기가 넘쳐 활발함이 있다." 하니 천시와 지리가 다름이 아니라 인화人和 중에서 되는 것이 아니냐. 이러므로 나는 반드시 말하기를 "싸울 만한 것은 도전 道戰이라." 하노라.　　　　　　　《의암성사법설》〈삼전론 도전 道戰〉

2. 사회개벽과 영성적靈性的 문화

　이 항목에서는 새로운 사회 질서가 지향하는 삶의 가치와 문화를 소개한다.

　새로운 영성적 사회와 문명으로 대전환하기 위한 사회개벽의 방향성은 한울님의 본성과 목적에 일치할 때 비로소 선천 사회와 문화를 넘어설 수 있다. 여기에서 다룬 개벽의 방향은 궁극적으로 사회적 집합표상集合表象과 체제의 근본적 전환을 목표로 한다. 경전에서 가르치는 후천개벽은 인류 문명사에 있어 한 번도 경험해 보지 못한 새로운 영성 문명으로 나아가는 거대한 질적 대전환을 의미한다. 후천의 새로운 문명은 가치관과 문화에 있어서 경쟁과 분열보다는 공존과 상생의 덕을 중시하며, 물질과 욕구보다는 정신과 도덕, 절제의 가치를 중시한다. 문명의 전환은 정치가나 소수의 지식인의 노력에 의해 성취되는 것이 아니라, 그동안 역사의 그림자로서 존재해왔던 여성과 민중을 포함한 모두의 각성에 의해 이루어지는 과정이 될 것이다.

　여기서는 생명의 가치, 평등, 도덕 등 세 가지 주제로 다루었다.

1) 물질에서 정신으로

대신사大神師(최제우)께서 늘 말씀하시기를 "이 세상은 요堯임금
과 순舜임금, 공자孔子와 맹자孟子의 덕으로도 말하기에 부족하다."
하셨으니 이는 지금 이때가 후천개벽後天開闢임을 이름이라.

신유년(1861) 세상을 향해 포덕布德을
시작하다

선천은 물질개벽物質開
闢이요 후천은 인심개벽
人心開闢이니, 장래 물질의
발명이 그 극에 달하고
여러 가지 하는 일이 전
례 없이 발달을 이룰 것
이니, 이때에 있어서 도
심道心은 더욱 쇠약하고
인심人心은 더욱 위태할 것
이며 더구나 인심을 인도
하는 선천 도덕先天道德이
때에 순응치 못할지라.

그러므로 한울님의 신
령한 변화 중에 일대 개
벽의 운이 회복되었으니,
그러므로 우리 도의 포덕천하布德天下·광제창생廣濟蒼生은 한울님의
명하신 바니라.

《해월신사법설》〈기타〉

2) 신분차별에서 만민평등과 섬김으로

김낙삼金洛三이 "전라도에는 포덕布德이 많이 될 수 있는 정세이나 남계천南啓天이 본래 본토 양반이 아니었는데 입도한 뒤에 남계천에게 편의장便義長이란 중책으로 도중道衆을 통솔케 하니 도중에 낙심하는 이가 많습니다. 원컨대 남계천의 편의장 첩지帖紙를 도로 거두시기 바랍니다."라고 물었다.

신사께서 "소위 반상班常의 구별은 사람의 정한 바요 도의 직임職任은 한울님이 시키신 바니, 사람이 어찌 능히 한울님께서 정하신 직임을 도로 걸을 수 있겠는가.

한울님은 반상의 구별이 없이 그 기운과 복을 주신 것이요, 우리 도는 새 운수에 둘러서 새 사람으로 하여금 다시 새 제도의 반상을 정한 것이니라.

이제부터 우리 도 안에서는 일절 반상의 구별을 두지 말라.

우리나라 안에 두 가지 큰 폐풍이 있으니 하나는 적서嫡庶의 구별이요, 다음은 반상의 구별이라. 적서의 구별은 집안을 망치는 근본이요 반상의 구별은 나라를 망치는 근본이니, 이것이 우리나라의 고질이니라.

우리 도는 두목頭目 아래 반드시 백 배 나은 큰 두목이 있으니, 그대들은 삼가라. 서로 공경을 주로 하여 충절層節을 삼지 말라.

이 세상 사람은 다 한울님이 낳았으니, 한울 사람으로 공경한 뒤에라야 가히 태평하다 이르리라."라고 대답하셨다.

《해월신사법설》〈포덕〉

비록 가시나무라 이를지라도 핀 꽃은 아름답고,
더러운 못에 연꽃이라도 향기는 더욱 좋더라.
예와 지금 양반과 상놈이 무엇이 다름이 있으랴.
초정椒井에 마음을 씻으니 사람은 평등이더라.

《의암성사법설》〈기타시문 초정약수음椒井藥水吟〉

3) 부富·권력·지식에서 도덕으로

약간 어찌 수신修身하면
지벌地閥 보고 가세家勢 보아
추세趨勢해서 하는 말이
아무는 지벌도 좋거니와
문필文筆이 유여裕餘하니
도덕군자道德君子 분명타고
모몰염치冒沒廉恥 추존推尊하니30)
우습다 저 사람은
지벌이 무엇이게
군자를 비유比喩하며
문필이 무엇이게
도덕을 의논議論하노.

《용담유사》〈도덕가〉

---

30) 염치 불구하고 추존하니

도에 대한 한결같은 생각을 주릴 때 밥 생각하듯이, 추울 때 옷 생각하듯이, 목마를 때 물 생각하듯이 하라. 부귀한 자만 도를 닦겠는가, 권력 있는 자만 도를 닦겠는가, 유식한 자만 도를 닦겠는가? 비록 아무리 빈천한 사람이라도 정성만 있으면 도를 닦을 수 있느니라. 《해월신사법설》〈독공〉

3. 영성적靈性的 신문명新文明의 토대와 지향

이 항목은 인간 사회뿐만 아니라, 자연 만물을 포함하는 넓은 의미의 사회가 이상적 사회로 나아가기 위해서 어떤 정신을 바탕에 두고, 무엇을 지향해야 할지에 대한 가르침을 소개하고 있다.

모든 생명체 안에 무궁히 살아 있는 신령스런 우주 생명을 모시고 있다는 자각을 바탕으로 모든 인간과 만물을 공경하고, 존중함으로써 개인, 사회, 생태계를 본래의 건강한 모습으로 회복시키고자 하는 천도교의 생명사상은 그 사회적 실현을 위해 그 토대가되는 몇 가지 삶의 양식을 경전을 통해 제시하고 있다.

여기에서는 먼저 생명의 세계관과 가치관을 실천하는 성숙한 신인간에 의해 열어갈, 도덕과 평화에 근거한 이상적 사회의 성격을 소개하고, 이어서 자연 만물과의 친화, 만민이 하나의 진리로 귀일되는 동귀일체同歸一體의 삶을 가르치는 구절을 다루며, 마지막으로 만인이 성인의 경지로 나아가는 이상 사회의 모습을 제시하고 있다.

1) 도덕과 평화의 생명공동체

천지의 도를 밝히고 음양의 이치를 통달하여 억조창생으로 하여금 각각 그 직업을 얻게 하면 어찌 도덕 문명의 세계가 아니겠는가. (중략)

성인의 덕화는 자기를 버리어 사람에게 덕이 되게 하고, 세상 사람의 사사로운 마음은 자기만 이롭게 하고 사람을 해롭게 하느니라. 요순堯舜의 세상에 백성이 다 요순이 되었다 하나, 백성이 어찌 다 요순이 되었겠는가. 이것은 요순의 덕화 속에 훈육되었기 때문이니라.　　　　　　　　《해월신사법설》〈성인의 덕화〉

해월신사海月神師께서 다음과 같이 대답하셨다.

"전쟁은 다만 병기兵器만 가지고 이기는 것은 없느니라. 병전을 능가하는 것은 책전策戰이니, 계책이 지극히 큰 것이니라. 서양의 무기는 세상 사람이 견주어 대적할 자 없다고 하나, 무기는 사람 죽이는 기계를 말하는 것이요 도덕은 사람 살리는 기틀을 말하는 것이니, 그대들은 이때를 당하여 수도를 지극한 정성으로 함이 옳으니라.

큰 전쟁 뒤에는 반드시 큰 평화가 있는 것이니, 전쟁이란 평화의 근본이니라. 사상은 동방에 있고 기계는 서방에 있느니라. 구름이 서산에 걷히면 이튿날이 맑고 밝으니라.

사람은 한 사람이라도 썩었다고 버릴 것이 없나니, 한 사람을 한 번 버리면 큰일에 해로우니라. 일을 하는 데 있어 사람은 다 특별한 기술과 전문적 능력이 있으니, 적재적소를 가려 정하면 공을 이루지 못할 것이 없느니라."

《해월신사법설》〈오도지운吾道之運〉

2) 자연과의 친화

만물이 시천주侍天主 아님이 없으니 능히 이 이치를 알면 살생은 금하지 아니해도 자연히 금해지리라. 제비의 알을 깨뜨리지 아니한 뒤에라야 봉황이 와서 거동하고, 초목의 싹을 꺾지 아니한 뒤에라야 산림이 무성하리라. 손수 꽃가지를 꺾으면 그 열매를 따지 못할 것이요, 폐물이라고 다 버리면 부자가 될 수 없느니라. 날짐승 3천도 각각 그 종류가 있고 털벌레 3천도 각각 그 목숨이 있으니, 물건을 공경하면 덕이 만방에 미치리라.

《해월신사법설》〈대인접물〉

3) 천시天時와 인사人事의 부합

시운時運을 의논해도
일성일쇠一盛一衰 아닐런가.
쇠운이 지극하면
성운이 오지마는
현숙한 모든 군자

동귀일체同歸一體하였던가.

《용담유사》〈권학가〉

4) 성인聖人 됨의 새로운 차원

내가 젊었을 때에 스스로 생각하기를, 옛날 성현은 뜻이 특별히 남다른 표준이 있었으리라 하였더니, 한 번 대선생님을 뵈옵고 마음공부를 한 뒤부터는, 비로소 별다른 사람이 아니요 다만 마음을 정하고 정하지 못하는 데 있는 것인 줄 알았노라. 요임금과 순임금의 일을 행하고 공자와 맹자의 마음을 쓰면, 누가 요임금과 순임금이 아니며 누가 공자와 맹자가 아니겠느냐. 여러분은 내 이 말을 터득하여 스스로 굳세게 하여 쉬지 않는 것이 옳으니라.

《해월신사법설》〈독공〉

사람의 지혜롭고 어리석음이 같지 아니하고 성범聖凡이 비록 다르나, 작심하여 쉬지 않으면 어리석음이 지혜롭게 되고 범인이 성인으로 될 수 있으니, 모름지기 마음을 밝히고 덕을 닦는 것을 힘써서, 늙은 사람의 말이라도 버리지 말고 더욱 함양하는 마음을 힘쓰도록 하라.

《해월신사법설》〈명심수덕明心修德〉

제9장

창시자

수운대신사의 탄생

이 장에서는 천도교의 창시자의 생애와 종교적 소명召命, 그리고 한울님의 도를 깨달은 인류의 스승으로서의 역할들에 관한 구절들을 소개한다.

천도교는 창시자인 수운水雲 최제우崔濟愚 선생의 득도 체험으로부터 시작된다.

당대의 시대적 상황은 조선과 동아시아 전체가 전근대 체제의 말기 현상으로 인한 위기와 파국 속으로 빠져들었고, 서구의 무력적 침탈은 총체적 위기를 가속화시켰다. 수운대신사는 그러한 위기의 근원적 원인을, 인류의 전 역사적 과정에서 축적되어온 반反생명적 문화체계에서 찾았다. 즉 지금까지의 인류 문명이 우주의 생명적 질서와 원리로부터 이탈되어 전개되어온 결과, '다시 개벽'이라는 근원적이며 총체적인 문화적 변혁을 요청하지 않을 수 없는 인류 문명의 총체적 위기 상황에 이르게 되었다고 진단하였다.

수운은 당대의 질병 상태의 문명을 당시의 사상가나 지식인의 관점에서 바라본 것이 아니라, 기존의 낡은 사상과 세계관을 벗어버리고, 아직 경험하지 못한 미래인의 관점에서 자신의 시대를 반성하였다. 기존의 종교나 사상적 대가들의 가르침을 따라가지 않고, 아무도 밟지 않았던 새로운 길을 외로이 개척하는 고난의 구도를 시작하였다.

절망과 해체의 전면적 질병 상태에 빠진 나라와 인류를 구원할 길을 찾기 위해 고뇌하면서, 새로운 도덕에 기초한 평화로운 신문명과 새로운 영성적 신인간을 이 지상의 현실에서 실현하고자 하는 공의公義로운 뜻을 세우고, 장구한 5만 년 문화의 기반이며 씨 앗인 무극대도를 결정적 종교체험을 통해 한울님으로부터 얻어낸 다. '한울님 마음이 곧 내 마음'이라는 종교적 득도 체험으로부터, 동학의 핵심인 시천주侍天主의 가르침을 펴게 된다.

수운은 인류가 삶의 원천인 한울님을 다시 자기 영혼과 삶 속에 회복시킴으로써, 이 지상의 세계가 도덕과 평화의 문명으로 전환될 수 있음을 가르쳤다. 그는 체제의 개혁, 종교적 권능 등의 길을 택하 지 않았다. 인간 영혼의 근원적 변모를 통해서만 인간과 사회·문명 의 구원이 가능하다고 결론지었다. 동학의 '다시 개벽'은 한울님과 세계, 그리고 인간은 하나의 몸이라는 시천주의 새로운 정신과 생 명 섬김의 새로운 도덕으로 인간 영혼과 생활을 개벽하고, 인류 문화 체계를 생명의 가치가 실현되도록 개벽함으로써 인간과 문 명을 보다 성숙한 차원으로 승화시키며, 인류사의 새로운 출발을 가능케 하는, 인류 정신의 대진화의 길을 열어주는 사상이다.

그러나 당시의 전통사상과 가치관에 물들어 있던 대부분의 지 식인과 민중들은 그의 가르침을 바르게 이해하려고 하기는커녕, 음해·모략함으로써 결국 득도 후 4년도 못 채우고 참수형에 처해 져서 그의 생애를 마감한다.

동학의 '한울나라'는 사후死後에 전개되고 만나는 세상이 아니 다. 그것은 내일 일어나야 할 꿈이 아니다. 지금 이 현실에서 실현 되어야 할 꿈이다. 실현될 수 있는 꿈으로서의 '지상의 한울 나라' 가 현실이 되기 위해 동학의 스승들은 현재의 이 땅을 저버리지 않고, 일생을 깨어 있는 의식으로 인간들을 교육하고, 각성시키고, 그 꿈의 실현 가능성을 보여주었다. 진리를 향해 항상 깨어 있는 '지상의 한울 사람'들에 의해 이 땅과 이 현실이 새로운 가능성의 천국이 될 수 있도록 그분들은 헌신과 희생의 모범을 살다간 영혼의 혁명가들이었다.

1. 한울님의 도를 깨달은 인류의 스승

천도교의 창시자와 스승들은 한울님의 도를 깨닫고, 한울님으로부터 도를 받으므로 특별한 사명을 인류의 정신 안에 실현하기 위해 이 땅에서 활동했다.

수운水雲은 동서양 문명의 충돌로 인한 정신적·사회적 위기와 파국의 병든 현실을 대면하면서, 동서양 인류가 평화롭게 공존할 수 있는 보편적 신문명 질서를 이 땅에서부터 시작해보려는 고뇌를 통해, 인류가 공유할 수 있는 지구적 차원의 새로운 진리를 한울님으로부터 받아냈다.

이 항목에서는 네 개의 주제 아래 한울님의 도를 실천하려는 천도교의 창시자의 위상과 인류사적 의미를 발견할 수 있는 구절들을 소개한다.

첫 번째 주제에서는 인류 문명의 총체적 질병 상태로부터 이 나라와 인류를 구원할 희망의 길, 생명의 도인 무극대도를 한울님으로부터 얻어낸 소명자로서의 과제 의식과 무극대도의 의미를 보여준다.

두 번째 주제에서는 인류 역사에 있어 새로운 문화 차원으로의 전개와 출발을 가능케 하는 영적·정신적 변혁의 시창자로서의 모습을 소개한다.

세 번째 주제에서는 인간의 가치를 절대적으로 격상시켜, 온 인류가 영성적 한울 사람으로서 살아갈 수 있도록 새로운 영성적 문화의 씨앗을 이 지상에 뿌려준 창시자를 계승하여 무극대도를 미래로 전개시킨 스승들의 역할을 소개한다.

마지막으로 한울님의 뜻과 능력을 체행體行한 유형有形한 한울님으로서의 스승님들은 한울님과 일체로서 영원히 살아 있는 영성적 인간의 전형임을 드러낸다.

1) 우주적 생명의 도, 무극대도無極大道의 창명

신유년辛酉年(1861)에 이르러 사방에서 어진 선비들이 나(최제우)에게 찾아와 다음과 같이 물었다.

"지금 천령天靈이 선생님께 강림하였다 하니 어찌 된 일입니까?"

"가고 돌아오지 아니함이 없는 이치에 따른 것이니라."

"그러면 무슨 도라고 이름합니까?"

"천도天道이니라."

"서양의 도와 다른 것이 없습니까?"

"양학洋學은 우리 도와 같은 듯하나 다름이 있고 한울님을 위하는 것 같으나 실지가 없느니라. 그러나 운運인즉 하나요 도道인즉 같으나 이치인즉 아니니라."

"어찌하여 그렇게 됩니까?"

"우리 도는 무위이화無爲而化라. 한울님 마음을 지키고 한울님 기운을 바르게 하고 한울님 성품에 따르고 한울님의 가르침을 받으면, 자연한 가운데 화해서 나는 것이요."

《동경대전》〈논학문〉

천명을 받는 수운대신사

"도를 훼방하는 자는 어째서입니까?"

"혹 그럴 수도 있느니라."

"어찌하여 그렇습니까?"

"우리 도는 지금에도 듣지 못하고 옛적에도 듣지 못하던 일이요, 지금에도 비교할 데가 없으며 옛적에도 비교할 데 없는 법이라. 닦는 사람은 헛된 것 같지만 실지가 있고, 듣기만 하는 사람은 실지가 있는 것 같지만 헛된 것이니라." 《동경대전》〈논학문〉

그런 비위 어디 두고

만고萬古 없는 무극대도無極大道

받아놓고 자랑하니

그 아니 개자한가.31)

세상 사람 돌아보고

많고 많은 그 사람에

인지재질人之才質 가려내어32)

총명노둔聰明魯鈍 무엇이며

세상 사람 저러하여

의아탄식疑訝歎息 무엇인고.

남만 못한 사람인 줄

네가 어찌 알았으며

남만 못한 재질인 줄

네가 어찌 알잔 말고.

그런 소리 말았어라

낙지落地 이후 첨이로다.

《용담유사》〈교훈가〉

우리 도는 무극無極에 근원하여 태극에 나타났으니 뿌리는 천상 지하에 뻗었고, 이치는 혼원일기渾元一氣에 잠기었고, 현묘한 조화 는 천지일월과 더불어 한 몸으로 무궁하니라. 우리 도의 진리는 얕은 것 같으나 깊고, 속된 것 같으나 고상하고, 가까운 것 같으나

---

31) 그 아니 우스운가.
32) 사람의 재주와 기질 가려내어

멀고, 어두운 것 같으나 밝은 것이니라.

우리 도는 유儒와도 같고 불佛과도 같고 선仙과도 같으나, 실인즉 유도 아니요 불도 아니요 선도 아니니라. 그러므로 '만고 없는 무극대도無極大道'라 이르나니, 옛 성인은 다만 지엽만 말하고 근본은 말하지 못했으나, 우리 수운 대선생님께서는 천지·음양·일월·귀신·기운·조화의 근본을 처음으로 밝히셨느니라. 진실로 총명달덕한 이가 아니면 누가 능히 알리오. 아는 이가 적으니 가히 탄식할 일이로다.　　《해월신사법설》〈천도天道와 유儒·불佛·선仙〉

우리 스승님께서 천지 우주의 절대 원기元氣와 절대 성령聖靈을 체응體應하여 모든 일과 모든 이치의 근본을 처음으로 밝히시니, 이것이 곧 천도天道이며 천도는 유·불·선의 본원이니라.

내가 잠자고 꿈꾸는 사이인들 어찌 스승님이 남기신 가르침을 잊으리오. 선생님께서 인내천人乃天의 참뜻을 말씀하시되 사람을 한울님같이 섬기라 하셨느니라.　　《해월신사법설》〈기타〉

2) 영성적 후천개벽後天開闢의 시조

한울님 하신 말씀
"개벽開闢 후 5만 년에
네가 또한 첨이로다.
나도 또한 개벽 이후
노이무공勞而無功하다 가서

너를 만나 성공하니
나도 성공 너도 득의得意
너희 집안 운수로다."

《용담유사》〈용담가〉

말씀하시되 태고의 천황씨天皇氏는 우리 스승께서 스스로 비교한 뜻이요, 산 위에 물이 있는 것은 우리 교敎 도통의 연원이라. 이러한 현기玄機와 진리를 안 연후에 개벽의 운과 무극의 도를 알 것이라.

슬프다. 나무는 뿌리가 없는 나무가 없고 물은 근원이 없는 물이 없으니, 만물도 오히려 이와 같거든 하물며 이 고금에 없는 5만 년 내려갈 초창初創의 도운道運이랴. 《해월신사법설》〈명심수덕〉

천황씨는 원래 한울님과 사람이 합일한 명사라, 그러므로 천황씨는 선천개벽으로 사람을 있게 한 시조신의 기능으로 사람의 원리를 포함한 뜻이 있으니, 만물이 모두 천황씨의 한 기운이니라.

오늘 대신사大神師께서 천황씨로 자처하심은 대신사 역시 신神이신 사람이시니 후천 5만 년에 이 이치를 전케 함이니라.

《해월신사법설》〈기타〉

3) 영적 혁명가, 후천삼황後天三皇의 출현

성인이 처음 나시어 덕이 만방에 화하고, 덕이 만방에 화하니 뭇 백성이 이에 화하도다. 이것이 누구의 덕인가, 한울님의 은혜로다.

하늘이 밝은 것이 아니라 큰 성인이 밝은 것이니, 넓고 넓은 한울님의 덕을 큰 성인이 밝히셨도다. 넓고 넓은 그 덕을 한울님이 아니면 누가 내리시며, 밝고 밝은 그 덕을 성인이 아니면 누가 밝히겠는가. 넓고 큰 그 덕을 성인이 밝히셨도다.

높고 높은 천도를 큰 성인이 처음 밝히셨으니, 밝고 밝은 천지도 일월이 아니면 밝지 못하고, 밝고 밝은 큰 성인도 다음 성인이 아니면 밝히지 못하느니라.

천지가 밝은 것이 아니라 일월이 밝고 밝은 것이요, 일월이 밝은 것이 아니라 천황天皇이 밝은 것이요, 천황이 밝은 것이 아니라 지황地皇이 더욱 밝은 것이로다. 천황의 도와 지황의 덕을 인황人皇이 밝히나니, 천황·지황이 세상에 난 뒤에 인황이 세상에 나는 것은 이치가 본래 그러한 것이니라.

《해월신사법설》〈오도지삼황吾道之三皇〉

한울님의 영적靈迹은 무극한 것이요, 사람의 지혜는 유한에 범위한 것이므로, 유한으로써 무극을 대조함에 안광眼光이 늘 미치지 못하여 의심을 낳고 비방을 일으키느니라.

한울님과 스승님은 일체이위一體二位로서 다만 유형과 무형의 구별이 있는 것이라. (중략)

대신사는 한울님의 직책을 체행하신 연한이 4개년에 그치어 교의 기초가 한울님의 뜻에 흡족치 못하므로, 해월신사(최시형)를 계강繼降하시어 교체敎體의 완전치 못한 것을 보충케 하시니, 그러므로 해월신사의 종년에 이르러서는 만 번 흔들어도 빼어지지 않는 교의 큰 기초가 처음 정하여졌느니라.

《의암성사법설》〈대종정의大宗正義 오교吾敎의 신인시대神人時代〉

4) 한울 사람의 진정한 모습

한울님과 스승님은 일체이위一體二位로서 다만 유형과 무형의 구별이 있는 것이라.

비와 병은 무형한 한울님의 능력이요, 빗속에 그냥 가도 젖지 않는 것과 병에 약을 아니 써도 낫게 하는 것은 유형한 한울님의 능력이니, 먼저의 능력과 뒤의 능력이 전부 한 기틀 속에서 짜내는 것이니라.

대신사大神師는 사람의 덕성과 재주의 본원을 무형에 둘 뿐이요, 세계를 꾸미는 데 관한 면목과 제도는 사람의 스스로 집행하는 데 맡기었느니라. 《의암성사법설》〈대종정의 오교의 신인시대〉

또 하물며 대인의 덕은 천지와 더불어 그 영성을 활용하는 것이라, 그러므로 한울님과 우리 신사神師는 다만 형상이 있고 형상이 없는 구별이 있을 뿐이요, 그 영성의 계기로 보면 전혀 같은 범위에서 같은 활동이 같이 표현되는 것이니, 이것은 한울님이 곧 사람이요, 사람이 곧 한울님인 관계니라. 천지 만물은 한 가지로 순응하여 시대 억조와 같이 진화하므로, 그 심법은 결코 인간을 떠

난 것이 아니요, 전부 세간과 합치된 것이요 세간에 나타난 것이
니라.   《의암성사법설》〈성령출세설〉

2. 수운水雲 최제우崔濟愚의 일생과 구도 과정

이 항목은 창시자의 탄생에서부터 참수형으로 일생을 마칠 때
까지의 일생에 관련된 구절들을 다루었다.

먼저 수운의 덕 높은 가문과 고향 산천에 대한 긍지, 그리고 재
기와 총명이 꽃핀 어린 시절의 불우한 성장 과정을 다루었다.

두 번째 주제에서는 수운의 청년 시절에 봉건체제 말기의 사회
붕괴 현상과 국제질서의 혼돈과 불안정한 정국을 체험하면서 보
국안민輔國安民의 평화로운 세계를 창조할 실천적 도를 찾아보려는
그의 과제 상황과 소명 의식을 다루었다.

세 번째 주제에서는 고난과 시련 속에서도 도를 구하고자 하는
열정을 소개하였다.

네 번째 주제에서는 그의 나이 37세 되던 1860년 4월, 결정적
인 종교체험을 통해 한울님으로부터 무극대도를 얻은 내용과 과
정 그리고 초기의 포덕布德 상황을 소개하였다.

다섯 번째 주제에서는 동학의 영향력이 확대되어 가자 그의 문
중과 유림들, 기존의 지배층으로부터 온갖 음해와 탄압을 받으며
고난을 겪는 상황을 설명하였다.

마지막으로 핍박으로 인해 약 2년 반 동안의 짧은 포덕 활동을 마치고 맞이하는 거룩한 순도의 장면을 소개한다. 여기에 소개된 유시遺詩는 수운대신사의 마지막 시로서, 자신은 혹세무민惑世誣民의 혐의를 쓰고 형장으로 가지만, 동학의 도는 광명정대하여 혐의할 틈새가 없으며, 그 가르침은 영원히 이어지리라는 내용을 담고 있다.

1) 탄생과 성장

홀연히 산기産氣 있어
아들 아기 탄생하니
기남자奇男子 아닐런가.
얼굴은 관옥冠玉이요
풍채는 두목지杜牧之라.[33]
그러그러 지내나니
오륙 세 되었더라.
팔 세에 입학해서
허다한 만권시서萬卷詩書
무불통지無不通知하여 내니
생이지지生而知之 방불하다.[34]

---

33) 두목지는 중국 당唐나라 말기 인물인 두목杜牧이며, 목지牧之는 자字이다. 뛰어난 시인詩人이며 풍채도 좋았던 것으로 알려져 있다.
34) 생이지지生而知之는 태어나면서 안다는 뜻으로 성인聖人을 가리키는 말이다.

십 세를 지내나니

총명은 사광師曠35)이요

지국智局이 비범하고

재기才器 과인過人하니.

《용담유사》〈몽중노소문답가〉

나는 동방에 태어나 부질없이 세월을 보냈으니, 겨우 가문의 명예를 보존했을 뿐이요 빈한한 선비의 신세를 면치 못하였노라.

《동경대전》〈수덕문〉

기장奇壯하다 기장하다

구미산기龜尾山氣 기장하다.

거룩한 가암佳岩 최씨崔氏

복덕산福德山 아닐런가.

구미산龜尾山 생긴 후에

우리 선조 나셨구나.

산음山蔭인가 수음水蔭인가

위국충신爲國忠臣 기장하다.

가련하다 가련하다

우리 부친 가련하다.

구미용담龜尾龍潭 좋은 승지勝地

---

35) 사광師曠은 중국 춘추시대 진晉나라의 악사로 음율에 뛰어났다.

　　도덕 문장 닦아내어

　　산음 수음 알지마는

　　입신양명立身揚名 못 하시고

　　구미산하 일정각一亭閣을

　　용담龍潭이라 이름하고

　　산림처사山林處士 일포의一布衣로

　　후세에 전傳탄 말가.

　　가련하다 가련하다

　　이내 가운 가련하다.

　　나도 또한 출세 후로[36]

　　득죄부모得罪父母 아닐런가.[37]

　　불효不孝 불효 못 면免하니

　　적세원울積世怨鬱 아닐런가.[38]

　　불우시지남아不遇時之男兒로서[39]

　　허송세월하였구나.

《용담유사》〈용담가〉

2) 수운의 과제課題 상황과 현실 인식

　　또 이 근래에 오면서 온 세상 사람들이 저마다 제 마음대로 하

---

36) 나도 또한 세상에 태어난 후로
37) 부모에게 죄를 지은 것이 아닐런가.
38) 누대에 쌓인 원망과 우울함 아닐런가.
39) 불우한 시대의 남아로서

여 천리를 순종치 아니하고 천명을 돌아보지 아니하므로 마음이 항상 두려워 어찌할 바를 알지 못하였더라.

경신년庚申年(1860)에 이르러 전해 듣건대 서양 사람들은 천주의 뜻이라 하여 부귀는 취하지 않는다 하면서 천하를 쳐서 빼앗아 저들의 교당을 세우고 그 도를 행한다고 하므로 내 또한 과연 그럴 수 있을까 어찌 그럴 수 있을까 하는 의심이 있었더니, (중략)

이러므로 우리나라는 악질이 세상에 가득 차서 민중들이 언제나 편안할 때가 없으니 이 또한 상해傷害의 운수요, 서양은 싸우면 이기고 치면 빼앗아 이루지 못하는 일이 없으니 중국 천하가 다 멸망하면 우리 또한 순망지탄脣亡之歎이 없지 않을 것이라.

보국안민輔國安民의 계책이 장차 어디서 나올 것인가.

애석하도다. 지금 세상 사람들은 시운時運을 알지 못하여 나의 이 말을 듣고서 들어가서는 마음으로 그르게 여기고, 나와서는 모여서 수군거리며 헐뜯고 도덕을 순종치 아니하니 심히 두려운 일이로다. 어진 사람도 이를 듣고 어떤 이는 그렇지 않다고 여기니 내 못내 개탄하거니와 세상은 어찌 할 수 없는지라.

《동경대전》〈포덕문〉

평생에 하는 근심
효박淸薄한 이 세상에
군불군君不君 신불신臣不臣과[40]

---

40) 군주가 군주답지 못하고 신하가 신하답지 못한 것과

부불부父不父 자부자子不子를41)

주소간晝宵間 탄식하니42)

울울한 그 회포는

흉중에 가득하되

아는 사람 전혀 없어

처자妻子 산업産業 다 버리고

팔도강산 다 밟아서

인심 풍속 살펴보니

무가내라 할 길 없네.

우습다 세상 사람

불고천명不顧天命 아닐런가.43)

(중략)

매관매작賣官賣爵 세도자勢道者도

일심一心은 궁궁弓弓이요,

전곡錢穀 쌓인 부첨지富僉知44)도

일심은 궁궁이요,

유리걸식流離乞食 패가자敗家者도

일심은 궁궁이라.

《용담유사》〈몽중노소문답가〉

---

41) 아버지가 아버지답지 못하고 아들이 아들답지 못한 것을
42) 밤낮으로 탄식하니
43) 천명을 돌아보지 않았기 때문이 아닐런가.
44) 부첨지는 '부유한 첨지僉知'로 부유하며 인색한 사람을 가리킨다.

3) 시련과 좌절 속의 구도

마음으로는 가정을 돌볼 생각이 있지마는 어찌 심고心告 거두는 일을 알며, 글공부도 독실히 하지 못하였으니 벼슬할 생각이 없어졌노라. 살림이 점점 어려워지니 나중에 어떻게 되는지 알 수 없고, 나이 차차 많아가니 신세가 장차 궁졸해질 것을 걱정하였노라. 팔자를 헤아려보니 춥고 굶주릴 염려가 있고, 나이 사십이 된 것을 생각하니 어찌 아무런 일도 해놓은 것이 없음을 탄식하지 않으랴. 몸담을 곳을 정하지 못하였으니 누가 천지가 넓고 크다고 말했는가. 하는 일마다 서로 어긋나니 스스로 한 몸 간직하기가 어려움을 가엾게 여겼노라.

이로부터 서로 얽힌 세상사를 떨쳐 버리고 가슴속에 맺혔던 것을 풀어버리었노라.　　　　　　　　　　《동경대전》〈수덕문〉

나도 또한 출세出世 후로
득죄부모得罪父母 아닐런가.
불효不孝 불효 못 면免하니
적세원울積世怨鬱 아닐런가.
불우시지不遇時之 남아로서
허송세월하였구나.
인간만사 행하다가
거연遽然 사십四十 되었더라.
사십 평생 이뿐인가

무가내라 할 길 없네.

구미용담 찾아오니

흐르나니 물소리요

높나니 산이로세.

좌우 산천 둘러보니

산수山水는 의구依舊하고

초목草木은 함정含情하니

불효한 이내 마음

그 아니 슬플쏘냐.

오작烏鵲은 날아들어

조롱을 하는 듯고

송백松栢은 울울하여

청절을 지켜내니

불효한 이내 마음

비감회심悲感悔心 절로 난다.

가련하다 이내 부친父親

여경餘慶인들 없을쏘냐.

《용담유사》〈용담가〉

4) 득도得道와 포덕布德 준비

뜻밖에도 4월(1860년 4월 5일)에 마음이 선뜩해지고 몸이 떨려서
무슨 병인지 증세를 알 수 없고 말로 형용하기도 어려울 즈음에, 어

떤 신선의 말씀이 있어 홀연히 귀에 들리므로 깜짝 놀라 일어나 캐
어물은즉 대답하시기를 "두려워하지 말고 겁내지 말라. 세상 사람들
이 나를 상제上帝라 이르거늘 너는 상제를 알지 못하느냐."

그 까닭을 물으니 대답하시기를 "내 또한 공이 없으므로 너를
세상에 내어 사람들에게 이 법을 가르치게 하니 의심하지 말고 의
심하지 말라."

"그러면 서도西道로써 사람을 가르치리까."

"그렇지 아니하다. 나에게
영부靈符있으니 그 이름은 선
약仙藥이요 그 형상은 태극이
요 또 형상은 궁궁弓弓이니,
나의 영부를 받아 사람들을
질병에서 건지고 나의 주문
呪文을 받아 사람들을 가르쳐
서 나를 위하도록 하면 너도
또한 장생長生하여 덕을 천하
에 펴리라."

《동경대전》〈포덕문〉

궁을영부도弓乙靈符圖

용담의 옛집은 부친께서 가르치던 곳이요 동도東都 신부新府(경
상북도 경주)는 내 고향이니라. 처자를 거느리고 용담으로 돌아온
날은 기미년(1859) 10월이요, 그 운수를 타고 도를 받은 시절은 경

신년庚申年(1860) 4월이더라. 이 또한 꿈같은 일이요 형상하여 말하기 어려우니라. (중략)

공부자孔夫子(공자孔子)의 도를 깨닫고 보니 한 이치로 된 것이요, 우리 도와 논해보면 대체는 같으나 약간 다른 것이니라. 의심을 버리면 사리의 떳떳함을 알 것이요, 예와 지금을 살피면 인사의 할 바이니라.

포덕布德할 마음은 두지 않고 지극히 치성할 일만 생각하였노라. 그렇게 미루어 다시 신유년(1861)을 맞으니, 때는 6월이요 절기는 여름이었더라. 좋은 벗들이 자리에 가득함에 먼저 도 닦는 법을 정하고, 어진 선비들이 나에게 도를 물으며 또한 포덕을 권하니라.

가슴에 불사약을 지녔으니 그 형상은 궁을弓乙이요, 입으로 장생하는 주문을 외우니 그 글자는 스물한 자라. 문을 열고 손님을 맞으니 그 수효가 그럴 듯하며, 자리를 펴고 법을 베푸니 그 재미가 그럴듯하도다.　　　　　　　　　　《동경대전》〈수덕문〉

처자妻子 불러 효유曉諭하고
이러 그러 지내나니
천은天恩이 망극罔極하여
경신庚申(1860) 4월 초5일에
글로 어찌 기록하며
말로 어찌 성언할까.
만고 없는 무극대도無極大道

여몽여각如夢如覺[45] 득도得道로다.

기장奇壯하다 기장하다

이내 운수 기장하다.

《용담유사》〈용담가〉

5) 비방·탄압 속의 포덕

그럭저럭 지내다가

통개중문洞開重門하여 두고[46]

오는 사람 가르치니

불승감당不勝堪當 되었더라.[47]

현인군자 모여들어

명명기덕明明其德하여 내어[48]

성운성덕盛運盛德 분명하다.

그 모르는 세상 사람

승기자勝己者 싫어할 줄

무근설화無根說話 지어내어

듣지 못한 그 말이며

보지 못한 그 소리를

어찌 그리 자아내서

---

45) 꿈을 꾸는 것 같기도 하고 깨어 있는 듯
46) 겹겹이 닫힌 문을 활짝 열어두고
47) 이루 다 감당하지 못하게 되었더라.
48) 그 덕을 밝혀내어

향안설화向顏說話 분분한고.49)

슬프다 세상 사람

내 운수 좋다 하니

네 운수 가련할 줄

네가 어찌 알잔 말고.

가련하다 경주慶州 향중鄕中

무인지경無人之境 분명하다.

어진 사람 있게 되면

이런 말이 왜 있으며

향중 풍속 다 던지고

이내 문운門運 가련하다.

알도 못한 흉언괴설凶言怪說

남보다가 배倍나 하며

육친六親이 무슨 일로

원수같이 대접하며

살부지수殺父之讐 있었던가50)

어찌 그리 원수런고.

은원恩怨 없이 지낸 사람

그중에 싸잡혀서

또 역시 원수 되니

조걸위학助桀爲虐이 아닌가.51)

---

49) 얼굴을 마주 대고 이야기함이 분분하고.
50) 부모 죽인 원수 있었던가

아무리 그리해도
죄 없으면 그뿐일세.
아무리 그리하나
나도 세상 사람으로
무단無端히 사죄死罪 없이
모함 중에 들단 말가.

《용담유사》〈교훈가〉

그 모르는 세상 사람
한 장 다고 두 장 다고
비틀비틀 하는 말이
저리되면 신선인가
칙칙한 세상 사람
승기자勝己者 싫어할 줄
어찌 그리 알았던고.
답답해도 할 길 없다.
(중략)
요악한 고 인물이
할 말이 바이없어
서학西學이라 이름하고
온 동네 외는 말이

---

51) 걸왕桀王을 도와서 포악함을 행함이 아닌가.

사망년[52] 저 인물이
서학에나 싸잡힐까
그 모르는 세상 사람
그거로사 말이라고
추켜들고 하는 말이
용담에는 명인名人 나서
범도 되고 용도 되고
서학에는 용터라고
종종걸음 치는 말을
역력히 못 할러라.

《용담유사》〈안심가〉

6) 순도殉道와 최후의 말씀

등불이 물 위에 밝았으니 혐극嫌隙이 없고,
기둥이 마른 것 같으나 힘은 남아 있도다.

《동경대전》〈영소詠宵〉

3. 종교체험과 소명

수운 최제우는 그의 일생을 통해 인류에게 새로운 문화적 비전

---

52) 사악한

과 그 실현의 희망을 제시하고, 그 실현을 위한 소명 속에서 살아 갔다.

여기서는 우선 창시자의 한울님과 합일되는 종교체험과 동학의 주문呪文·영부靈簿의 유래를 소개하였다.

두 번째 주제에서는 시천주의 생명의 세계관과 모든 생명에 대한 섬김의 윤리를 소개하였다.

마지막으로 선천의 문명을 넘어서기 위해 인류의 정신을 새롭게 개벽할 때, 무궁한 평화의 미래가 꽃필 것임을 확신시켜주는 구절들을 모았다.

1) 종교체험과 득도

이를 일일이 들어 말할 수 없으므로 내 또한 두렵게 여겨 다만 늦게 태어난 것을 한탄할 즈음에, 몸이 몹시 떨리면서 밖으로 접령接靈하는 기운이 있고 안으로 강화降話의 가르침이 있으되, 보였는데 보려 하면 보이지 아니하고 들렸는데 들으려 하면 들리지 아니하므로, 마음이 더욱 이상해져서 수심정기修心正氣하고 묻기를 "어찌하여 이렇습니까?" 하였다.

대답하시기를 "내 마음이 곧 네 마음이니라. 사람이 어찌 이를 알리오. 천지는 알아도 귀신은 모르니 귀신이라는 것도 나니라. 너는 무궁 무궁한 도에 이르렀으니 닦고 단련하여 글을 지어 사람을 가르치고, 법을 바르게 정하여 덕을 펴면 너로 하여금 영생토록 하여 천하에 빛나게 하리라." 하셨다.   《동경대전》〈논학문〉

무정 세월 여류파如流波라.

칠팔 삭朔 지내나니

4월이라 초5일에

꿈일런가 잠일런가.

천지가 아득해서

정신 수습 못 할러라.

공중에서 외는 소리

천지가 진동할 때

집안사람 거동 보소

경황실색驚惶失色하는 말이

"애고애고 내 팔자야

무슨 일로 이러한고

애고애고 사람들아

약도사 못해볼까

침침칠야沈沈漆夜 저문 밤에

눌로 대해 이 말 할꼬."

경황실색 우는 자식

구석마다 끼어 있고

댁의 거동 볼작시면

자방머리53) 행주치마

엎어지며 자빠지며

---

53) 옛 부인의 머리 모양을 가리킨다.

종종걸음 한창할 때

공중에서 외는 소리

"물구물공勿懼勿恐 하였어라.

호천금궐昊天金闕 상제님을

네가 어찌 알까 보냐."

초야草野에 묻힌 인생

이리될 줄 알았던가.

개벽開闢 시 국초國初 일을

만지장서滿紙長書 내리시고

십이제국十二諸國 다 버리고

아국 운수我國運數 먼저 하네.

그럭저럭 창황실색愴惶失色

정신 수습 되었더라.

그럭저럭 장등달야張燈達夜[54]

백지白紙 펴라 분부하네.

창황실색 할 길 없어

백지 펴고 붓을 드니

생전 못 본 물형부物形符가

종이 위에 완연터라.

내 역시 정신 없어

처자 불러 묻는 말이

---

54) 그럭저럭 등불 켜놓고 밤을 지새우며

"이 웬일이고 이 웬일이고

저런 부符 더러 본가."

자식의 하는 말이

"아버님 이 웬일이고

정신 수습하옵소서

백지 펴고 붓을 드니

물형부 있단 말씀

그도 또한 혼미昏迷로다

애고애고 어머님아

우리 신명身命 이 웬일이고

아버님 거동 보소

저런 말씀 어디 있노."

모자母子가 마주 앉아

수파통곡手把痛哭 한창 할 때

한울님 하신 말씀

"지각없는 인생들아

삼신산三神山 불사약不死藥을

사람마다 볼까 보냐.

미련한 이 인생아

네가 다시 그려내서

그릇 안에 살라두고

냉수 일배一盃 떠다 가서

일장 탄복吞服하였어라."
이 말씀 들은 후에
바삐 한 장 그려내어
물에 타서 먹어보니
무성무취無聲無臭 다시없고
무자미지無滋味之 특심特甚이라.

《용담유사》〈안심가〉

2) 정심수도를 통한 바른 삶에의 강조

지각없는 이것들아
남의 수도 본을 받아
성지우성誠之又誠 공경해서
정심수신正心修身 하였어라.
아무리 그러해도
이내 몸이 이리되니
은덕이야 있지마는
도성입덕道成立德하는 법은
한 가지는 정성이요
한 가지는 사람이라.
(중략)
운수야 좋거니와
닦아야 도덕이라

너희라 무슨 팔자

불로자득不勞自得 된단 말가.

해음없는 이것들아55)

날로 믿고 그러하냐

나는 도시 믿지 말고

한울님을 믿었어라.

네 몸에 모셨으니

사근취원捨近取遠한단 말가.56)

내 역시 바라기는

한울님만 전혀 믿고

해몽解夢 못 한 너희들은

서책은 아주 폐코

수도하기 힘쓰기는

그도 또한 도덕이라

문장이고 도덕이고

귀어허사歸於虛事될까 보다.57)

(중략)

강작强作히 지은 문자

구구자자句句字字 살펴내어

방탕지심放蕩之心 두지 말고

---

55) 생각 없는 너희들아
56) 가까운 것을 버리고 멀리 있는 것을 취한단 말가.
57) 허사로 돌아가게 될까 보다.

이내 경계 받아내어

서로 만날 그 시절에

괄목상대刮目相對되게 되면

즐겁기는 고사하고

이내 집안 큰 운수라.

이 글 보고 개과改過하여

날 본 듯이 수도하라.

부디부디 이 글 보고

남과 같이 하였어라.

《용담유사》〈교훈가〉

3) 선천을 넘어선 후천개벽의 소명

안타까이 봄소식을 기다려도 봄빛은 마침내 오지를 않네.

봄빛을 좋아하지 않음이 아니나 오지 아니하면 때가 아닌 탓
이지.

비로소 올 만한 절기가 이르고 보면 기다리지 아니해도 자연히
오네.

봄바람이 불어 간밤에 일만 나무 일시에 알아차리네.

하루에 한 송이 꽃이 피고 이틀에 두 송이 꽃이 피네.

삼백예순 날이 되면 삼백예순 송이가 피네.

한 몸이 온통 꽃이요, 온 세상이 화창한 봄일세.

《동경대전》〈시문詩文〉

하원갑下元甲 지내거든

상원갑上元甲 호시절에

만고 없는 무극대도無極大道

이 세상에 날 것이니

너는 또한 연천年淺해서

억조창생 많은 백성

태평곡太平曲 격양가擊壤歌를

불구不久에 볼 것이니

이 세상 무극대도

전지무궁傳之無窮 아닐런가.[58]

《용담유사》〈몽중노소문답가〉

정성으로 마음을 지키되 혹 게으르면 사람의 변하는 것이 뽕밭이로다.

공경으로 마음을 지키되 태연히 하면 산하가 실로 푸른 바다로다.

구악에 봄이 돌아오니 뽕밭이 푸른 바다로다.

용이 태양주太陽珠를 정하니 궁을弓乙이 문명을 돌이키도다.

운이 열리니 천지가 하나요 도가 있으니 물이 하나를 낳았도다.

물은 네 바다의 하늘에 흐르고 꽃은 만인의 마음에 피었도다.

《해월신사법설》〈강시降詩〉

---

58) 무궁히 전해지지 아닐런가.

개벽開闢이란 하늘이 떨어지고 땅이 꺼져서 혼돈한 한 덩어리로 모였다가 자子·축丑 두 조각으로 나뉨을 의미함인가. 아니다.

개벽이란 부패한 것을 맑고 새롭게, 복잡한 것을 간단하고 깨끗하게 함을 말함이니, 천지 만물의 개벽은 공기空氣로써 하고 인생 만사의 개벽은 정신精神으로써 하나니, 너의 정신이 곧 천지의 공기니라.

지금 그대들은 하지 못할 일을 생각하지 말고 먼저 각자가 본래 있는 정신을 개벽하면, 만사의 개벽은 그 다음 차례의 일이니라. (중략)

천지의 기수氣數로 보면 지금은 일 년의 가을이요, 하루의 저녁 때와 같은 세계라. 물질의 복잡한 것과 공기의 부패한 것이 그 극도에 이르렀으니, 이 사이에 있는 우리 사람인들 어찌 홀로 편안히 살 수 있겠는가. 큰 시기가 한 번 바뀔 때가 눈앞에 닥쳤도다.

《의암성사법설》〈인여물개벽설〉

제10장

공동체

천도교 중앙대교당

이 장에서는 천도교단의 종교적 성격과 목표, 그리고 교인들의 생활 덕목, 교회의 사회적 역할 등에 관한 주제들을 다룬다.

경전에서 가르치는 개벽 사상의 비전은 보다 성숙한 인간을 지향하는 정신의 개혁과 보다 영성적 사회를 지향하는 문화의 총체적 변혁의 희망을 알려주는 인류 대진화에 관한 소식이다.

수운 최제우에 의해 드러난 무극대도無極大道의 세계관, 가치관을 공유하고 실천해나가는 교회 공동체는 새로운 차원에서 인류의 정신과 문화의 총체적이고도 근원적인 개벽을 성취시키며, 진리와 진실의 삶을 추구해나가는 구도자들의 유기적 조직이다. 구성원 각자는 공동체의 원천인 무극대도에 그 사상과 삶의 뿌리를 두고, 각자는 자유로운 영적 존재로서 서로가 서로를 해방시키면서, 전 인류와 전 생명계를 하나의 거대한 통일된 몸으로 인식하면서, 동귀일체同歸一體를 삶의 원리로 실천해나가는 후천 문화 개벽운동의 선구자들이다.

이들 공동체는 전 생명계와의 친화, 협동과 공생, 섬김과 화합의 삶을 지향하기 때문에 영적이며 도덕적 수행을 토대로 스스로 정화하고 쇄신하면서, 전 생명계와 사회를 하나의 통일적인 살아있는 건강한 몸으로 탈바꿈시켜 나가는 생명운동 조직이다.

개벽운동은 한울님의 본성을 이 지상 현실에서 구현하고자 고뇌하는 영혼들의 산물이다. 전 인류와 생명계가 모두 하나의 거룩한 유기체로서 통일되는 꿈, 온 생명계가 서로 섬기는 문화로 변화되는 비전을 각자 자기의 자리에서, 때의 변화에 순응하면서, 때를 활용하면서, 지혜롭게 전개해나가는 '통일과 개벽'의 생활 실천 운동이다.

공동체의 조직은 공고한 수직적 조직체와는 거리가 멀다. 구성원의 개성 발현과 공동체의 공공성이 서로 조화를 이루면서 분산·확산되어가는 다중심의 자율적이며 분권적인 영성적 그물망 조직이다.

이들은 '새 천지, 새 인간'의 비전을 가지고 인류 문명사의 새 지평을 열어나가고자 하는 주체들로서 지금 이 땅이 한울 나라임을 자각하고, 지금 여기서 이상적 한울 나라를 만들어 가는 한울 사람을 지향한다. 그리하여 한울님의 뜻을 이루어가는 한울님의 협력자이며 동참자라는 명예를 함께 가진다.

이들의 한울 나라의 비전은 기존 종교의 천년왕국의 그것과는 다르다. 그 나라는 무궁한 개벽의 과정 속에 현실로 되어가는, 거대한 통일 세계를 향하는 과정이다.

공동체는 구성원들이 자진해서 무릎 꿇고 짐 실을 준비를 갖춘 낙타가 되는 것을 경계한다. 스스로 한울님과 하나의 몸인 자로서 자각하여, 긍지와 존엄성을 갖춘 한울 사람이기를 원한다. 이들은 타 종교 공동체의 전통을 존중하며, 관용과 개방적 태도로 신세계 건설의 동반자가 되기를 바란다.

교인의 사명과 임무는 생활 속에서의 진리 실천으로 도덕의 힘을 기르고, 그 진리와 도덕의 힘을 확산시켜 새로운 도덕 문명사회의 창조로 이어지도록 하여, 인류 문명의 신기원을 여는 창조적 삶을 적극적으로 구현하는 데 있다.

인류 문명의 총체적 암울함을 벗어나는 길은 역사를 관조하고, 해석하는 데 있지 않다. 꿈을 갖고 개벽하는 데 있다. 공동체의 운명은 스승님들의 삶에 동화되어 고난을 함께 나누며, 그분들이 꿈꾸며 실현하다 가신 개벽의 신세계 창조에 주인공으로 함께 동참해야 하는 운명이다.

1. 공동체의 기초와 성격

이 항목에서는 천도교단의 영적 구심과 그의 성격에 관한 구절들을 다룬다.

첫 번째 주제에서는 후천 세계 통합의 원천인 하나의 진리, 무극대도에 그 공동체의 뿌리를 두고 있음을 알려준다. 이어서 동학 공동체의 세 가지 성격을 설명하는 구절들이 소개된다.

(1) 먼저 교인들의 영적 완성을 위한 독실한 수행은 공동체의 기초가 된다. 진실하고 정성스런 마음으로 한울님의 뜻에 일치하여 살아가려는 수행의 힘이야말로 건강한 공동체의 원동력이다.

(2) 공동체 구성원들은 자신 안에 내재하는 한울님의 본성과 뜻을 매일의 일상생활 속에서 구현해야 하는, 생활 속의 수행자가 되어야 한다.

(3) 또한 공동체는 사회의 도덕적 모범으로서, 세계의 살림과 평화

를 위한 비전을 실현하고 보다 더 진리화된 세계로 변화시키기 위한 진리의 실현체이다.

1) 영적 구심점, 용담연원龍潭淵源

황하수 맑아지고 봉황새 우는 것을 누가 능히 알 것인가.
운수가 어느 곳으로부터 오는지를 내 알지 못하노라.
평생에 받은 천명은 천년 운수요,
성덕聖德의 우리 집은 백세百世의 업을 계승하였네.
용담의 물이 흘러 사해四海의 근원이요,
구미산에 봄이 오니 온 세상이 꽃이로다.

《동경대전》〈절구絶句〉

용담 성운聖運은 한울과 같이 무궁하여 길이 살아 죽지 않는지라, 해월신사께 전하여 주시고 해를 타고 한울에 이르러 아득하게 선대로 향하였으나 일에 간섭치 아니함이 없고 일에 명령하지 아니함이 없이 길이 내 마음에 모시었도다.

검악성세劍岳聖世[59]에 전하는 것이 무궁하여 죽지도 아니하고 멸하지도 아니하여, 바리때를 전한〔傳鉢〕도주道主는 때로 명하지 아니함이 없고, 때로 가르치지 아니함이 없어, 길이 온전하여 마음에 새겼도다.

---

59) 검악劍岳은 해월신사가 살던 곳으로, '검악성세'는 해월신사가 계시던 그 당시를 의미한다.

이렇듯이 깨달음이 없는 몸이 대도를 거느려 일으키지 못하다가 날을 가리어 설법하니 황연히 가르침이 내리어, 기강을 밝게 세우고 광제창생廣濟蒼生의 대원을 세우노라.

훈도薰陶하심을 입은 것은 일월의 광명이요, 바리때를 전하신〔傳鉢〕 스승님의 은혜는 도통의 서로 주심이라.

선천先天 용도用道는 호탕한 넓은 정사政事요, 금일 설법은 기강을 세우는 절의節義로다.

참을 지키고 뜻을 원만히 하여 맑은 덕을 버리지 말라.

《의암성사법설》〈강서降書〉

2) 수행 공동체

역력히 기록해서
거울같이 전해주니
자세히 보고 안심해서
불사不似한 그른 거동
남의 이목 살펴내어
정심수신正心修身하온 후에
남과 같이 수도하소.
(중략)
작심으로 불변하면
내성군자乃成君子 아닐런가.60)

---

60) 바로 군자가 되지 아닐런가.

구구자자句句字字 살펴내어
정심수도正心修道하여 두면
춘삼월 호시절에
또다시 만나볼까.

《용담유사》〈도수사〉

슬프다. 나무는 뿌리가 없는 나무가 없고 물은 근원이 없는 물이 없으니, 만물도 오히려 이와 같거든 하물며 이 고금에 없는 5만 년 내려갈 초창의 도운道運이랴. 내가 불민한 데도 훈도전발薰陶傳鉢의 은혜를 힘입어, 30여 년까지에 온갖 어려움을 맛보고 거듭 곤란과 재액을 겪어서 우리 교문의 정맥正脈이 거의 흐린 물이 맑아 깨끗함에 돌아오고 섞인 것을 버리고 순수함에 이르렀으나, 호해풍상湖海風霜의 형상과 그림자가 멀고 막혀서 혹은 중도中途에 그만두는 일도 있고 또 한 소쿠리가 부족된 것도 많으니, 진심으로 슬프도다. 대개 우리 도가 진행하는 성부成否는 오직 내수도內修道의 잘하고 못하는 데 있느니라. 현전에 이르기를 "오직 한울님은 친함이 없는데 극진히 공경하면 친하게 되는 것이니라." 또 이르기를 "부인을 경계하여 집안과 나라를 다스린다."고 하였으니, 그런즉 내수도를 지극히 공경하고 지극히 정성을 드리는 것이 어찌 우리 도의 큰 관건이 아니겠는가.

《해월신사법설》〈명심수덕〉

3) 생활 공동체

복합伏閤의 거擧는 바야흐로 고쳐 도모할 것을 의논하니 마땅히 하회下回를 기다릴 것이요, 지휘에 좇아 먼저 대의에 나아가 가산을 경탕傾蕩한 사람은 이미 불쌍하게 되었으니, 집에 있으면서 관망이나 하고 포식온처飽食溫處한 자, 어찌 마음을 편안히 하리오. 유무有無를 상자相資하여 그들로 하여금 유리流離치 않게 하고, 원근遠近이 합심하여 이론異論이 없게 하여, 나의 이 바람이 맞게 되면 진소간盡宵間 우려하는 마음을 풀게 되리니 병도 나으리라.

《천도교백년약사》

4) 개벽운동 공동체

선천이 후천을 낳았으니 선천운이 후천운을 낳은 것이라, 운의 변천과 도의 변천은 같은 때에 나타나는 것이니라. 그러므로 운인즉 천황씨가 새로 시작되는 운이요, 도인즉 천지가 개벽하여 일월이 처음으로 밝는 도요, 일인즉 '금불문 고불문今不聞古不聞(지금이나 옛날이나 듣지 못함)'의 일이요, 법인즉 '금불비 고불비今不比古不比(지금이나 옛날이나 견줄 수 없음)'의 법이니라.

우리 도의 운수에 요堯임금과 순舜임금, 공자孔子와 맹자孟子 같은 성스러운 인물이 많이 나리라. 우리 도는 천황씨의 근본 큰 운수를 회복한 것이니라. (중략)

우리나라의 영웅호걸은 인종의 종자니, 모두가 만국 포덕사로 나간 뒤에 제일 못난이가 본국에 남아 있으리니, 지열자至劣者가

상재요 도통한 사람이니라.

우리 도는 중국에 가서 포덕할 때가 되어야 포덕천하를 달성하
리라.　　　　　　　　　　　　　　　　《해월신사법설》〈개벽운수〉

2. 공동체의 조직 원리와 목표

진리의 공동체는 한울님과 하나 된 삶을 구현하는 모범을 보여
준다. 진리를 일상생활 속에서 실천함으로써, 스스로 인내천人乃天
의 존엄성을 꽃피우는 교인들은 신앙과 삶 속에서 지고의 도덕 원
리를 성취해야 할 의무가 있다고 인식한다. 그렇게 할 때 진리의
세계, 도덕과 평화의 세계인 지상의 한울 나라 실현을 달성할 수
있을 것이다.

여기서는 먼저 수행자로서의 교인은 자기의 정신이 한울님과
일치되도록 하며, 교회 공동체의 화합과 동귀일체를 제1의 삶의
원리로 지켜야 할 것을 제시하는 구절이 소개된다.

두 번째 주제에서는 교인들이 한 평생 스승님의 가르침에 따라,
오로지 정성스런 마음으로 한울님을 공경하고 한울님의 참뜻을
지켜나가, 한울님의 도를 개인의 삶 가운데 실현하도록 해야 할
목표를 다루었다.

마지막으로 전쟁이 없는 세계, 도덕적인 세계, 한울님의 마음이
실현된 이상 세계를 이 지상에서 실현해야 될 주체로서, 교인들은

한울님이 이 지상에서 활동하시며, 세계를 통일하고 계시다는 영적 깨달음을 바탕으로 이 땅에서 지상 천국을 실현해야 할 본래의 목적이 제시되고 있다.

1) 화합과 동귀일체同歸一體

남쪽 별이 둥글게 차고 겁회劫灰를 벗어나니
동해가 깊고 깊어 만 리에 맑았어라.
천산만봉千山萬峰은 한 기둥처럼 푸르고
천강만수千江萬水는 한 하수河水처럼 맑으리라.
마음이 화하고 기운이 화하니 온몸이 화하고
봄이 돌아오고 꽃이 피니 만년의 봄이로다.
푸른 하늘 맑은 날에 기운과 마음을 바르게 하니
사해의 벗들이 모두 한 몸이로다.

《해월신사법설》〈강시〉

각자가 자기의 습관천習慣天(사람의 습관에 의하여 생겨난 마음)을 믿지 말고, 오직 자아 본래의 한울님을 믿는 것으로서 신앙을 통일하라.

교회의 전체 행복은 교인의 신앙 통일과 규모 일치가 되는 데 있느니라.

신앙 통일은 먼저 정신 통일에서 시작되는 것이니, 경전의 문구만을 따져서 연구하지 말고 오로지 대도의 진리를 직각直覺하는 데 노력하여, 조용히 천지가 생기기 이전의 소식을 들으라.

다음은 규모 일치니 규모 일치는 곧 행동 통일이니라.

각자 자기가 아는 지식의 힘으로 판단하여 제 마음대로 했다 말 았다 하지 말고 오직 사회(교회)의 결의에 의하여 제정된 규범을 절대 엄수하라.

가족에는 가족사회, 국가에는 국가사회, 교회에는 교회사회, 인 류에는 인류사회가 있으니, 우리 교회의 인내천人乃天61)의 일대목적 一大目的62)과 성신환신性身換信63)·규모일치規模一致64)·지인공애至仁 公愛65)의 세 가지 강령綱領과 성誠·경敬·신信·법法 네 과목와 주문 呪文·청수淸水·성미誠米·시일侍日66)·기도의 오관五款67) 실행은 교 회로서 제정한 유일한 규모니라.

세계는 넓은 바다와 같고 우리 교는 기선과 같으니, 교인이 교 회 생활하는 것은 기선 위에서 해상 생활을 하는 것과 같으니라. 기선은 99분을 물의 힘으로 움직이는 것과 같이 우리 교인은 99분 을 한울의 힘으로 살아가는 사람이니라.

교인으로서 교회의 덕화를 알지 못함은 요순堯舜 때에 요순의 덕화를 알지 못함과 같으니라.

---

61) 사람이 이에 한울님이다.
62) 하나의 큰 목적을 뜻한다.
63) 몸을 성품으로 바꾸는 믿음을 말한다.
64) 모든 규모가 일치한다.
65) 지극히 어질고 모든 공적인 것을 사랑한다.
66) 천도교 예배를 보는 날이다.
67) 다섯 가지 정성을 드려야 하는 것이다.

나의 목적한 바와 여러분의 목적한 바가 이미 같고, 여러분의 목적한 바와 대신사大神師의 목적한 바가 또한 같은 것이니, 같은 목적을 달성하려면 정신이 일치해야 하느니라.

우리의 본래 정신이 꼭 일치하고 보면 천하가 달려들어 움직이고자 해도 감히 움직이지 못하느니라.

교인으로서 만일 이러한 진리를 믿지 않는다면 우리의 목적을 어떻게 달성하겠는가.

목적 달성에 희망이 있는 사람은 먼저 진실하고 일치한 정신으로 과거의 정신을 쇄신해야 하느니라.

《의암성사법설》〈신앙통일과 규모일치〉

2) 인간성과 생명가치의 실현

참을 지키고 뜻을 원만히 하여 맑은 덕을 버리지 말라.
날이 가고 달이 옴에 음양이 덕을 합하고,
봄에 나고 가을에 결실하니 조화造化의 성공이라.
가는 것도 없고 오는 것도 없는 내 마음을 길이 지키어,
옮기지도 아니하고 바뀌지도 아니하는 큰 도를 창명하라.
무엇을 알랴, 무궁하고 무궁한 것을.
한울님은 반드시 정성스러운 마음 한 조각에 감응하느니라.
일이관지一以貫之[68]는 공부자孔夫子(공자孔子)의 성덕이요,
공계송심空界送心[69]은 석씨釋氏(석가모니)의 도통이요,

---

68) 하나로 꿰뚫는 것이다.

무형유적無形有跡70)은 우리 도의 조화造化니라.

한울님을 모시고 한울님을 받들고 평생 동안 참뜻을 지키라.

《의암성사법설》〈강서〉

3) 도덕과 평화의 세계

말이 반드시 바르면 한울도 또한 바를 것이요, 말이 반드시 바르면 세상도 또한 바를 것이요, 말이 반드시 바르면 나라도 또한 바를 것이요, 말이 반드시 바르면 사람마다 반드시 바를 것이니라.

천지가 바르면 만물이 자라고, 세계가 바르면 전쟁이 반드시 그치고, 국가가 바르면 인민이 복을 누리고, 사람사람이 반드시 바르면 천하가 극락이 되리니, 어찌 오늘의 잠잠한 것이 후일에 많은 말이 될 줄을 알겠는가.

나는 천체공법天體公法을 써서 아름답고 거룩한 한울님 마음에 맞게 하노라.　　　　　　　《의암성사법설》〈무체법경 극락설〉

3. 생활윤리와 덕목

이 항목에서는 공동체 안의 화합과 동귀일체同歸一體를 위해 지켜져야 할 생활 덕목과 지향할 가치들을 다섯 가지 주제로 소개하

---

69) 공空의 세계로 마음을 보낸 것이다.
70) 형체가 없으나 그 흔적은 있는 것이다.

고 있다.

(1) 먼저 지도자와 제자들 간의 관계는 상호 공경과 믿음으로 정법을 수행하여 연원도통淵源道統을 지킬 것을 가르친다.

(2) 5만 년의 미래를 지켜나갈 대도를 실천해나감에 있어 중요한 것은 때와 상황의 변화에 적절하게 순응하며, 때를 활용할 줄 아는 지혜로운 방책을 지닐 것을 권고한다.

(3) 인류 공유의 보편적인 도인 무극대도를 실천하는 교인들은 타 종교에 대해 개방적이며 관용하는 자세를 가져야 할 것을 권고한다.

(4) 수도자는 도성입덕道成立德을 이루기 위해 어려운 고비들을 극복하면서, 조급히 성취하려는 마음을 조심하여 인내와 신중한 언행으로 꾸준히 노력해야 한다고 권고한다.

(5) 마지막으로 해월 선생님 당시 반포된, 교인들의 일상생활에서 지켜야 할 생활 기준 10개 항을 소개한다.

1) 사제 간의 윤리, 상호공경과 믿음

성경현전聖經賢傳 살폈으니
연원도통淵源道統 알지마는
사장사장師丈師丈 서로 전해[71]
받는 것이 연원淵源이요
(중략)

---

71) 스승들마다 서로 전해

어질다 모든 벗은

자세히 보고 안심하소.

위가 미덥지 못하면

아래가 의심하며,

위가 공경치 못하면

아래가 거만하니,

이런 일을 본다 해도

책재원수責在元帥 아닐런가.[72]

(중략)

남의 사장師丈 되는 법은

내자불거來者不拒 아닐런가.[73]

가르치기 위주하니

그 밖에 무엇이며

남의 제자 되는 법은

백년결의百年結義하온 후에

공경히 받은 문자

호말豪末(터럭 끝)인들 변할쏘냐.

출등出等한 제군자는

비비유지比比有之한다 해도

작지사作之師 작지제作之弟라[74]

---

72) 책임이 원수元帥에게 있음이 아닐런가.

73) 오는 사람 막지 않음이 아닐런가.

74) 스승으로 삼고 제자로 삼으라

사문성덕斯門聖德 아닐런가.

《용담유사》〈도수사〉

2) 시대에 일치하는 도道의 중도적 활용

세상 만물이 나타나는 때가 있고 쓰는 때가 있으니, 달밤 삼경
三更에는 만물이 다 고요하고, 해가 동쪽에 솟으면 모든 생령이 다
움직이고, 새것과 낡은 것이 변천함에 천하가 다 움직이는 것이니
라. 동풍東風에 화생하여도 금풍金風이 아니면 이루지 못하나니 금
풍이 불 때에 만물이 결실하느니라. 운을 따라 덕에 달하고 시기
를 살피어 움직이면 일마다 공을 이루리라. 변하여 화하고, 화하여
나고, 나서 성하고, 성하였다가 다시 근원으로 돌아가나니, 움직이
면 사는 것이요 고요하면 죽는 것이니라.

《해월신사법설》〈개벽운수〉

대저 도는 때를 쓰고 활용하는 데 있나니 때와 짝하여 나아가지
못하면 이는 죽은 물건과 다름이 없으리라.

하물며 우리 도는 5만 년의 미래를 표준함에 있어, 앞서 때를
짓고 때를 쓰지 아니하면 안 될 것은 돌아가신 스승님께서 가르치
신 바라. 그러므로 내 이 뜻을 후세 만대에 보이기 위하여 특별히
내 이름을 고쳐 맹세코자 하노라.

《해월신사법설》〈용시용활用時用活〉

천운이 순환하여 5만 년의 대도가 창명된지라, 세상 악마의 항복은 21자[至氣今至 願爲大降 侍天主 造化定 永世不忘 萬事知]의 신령한 주문呪文을 믿는 데 있으려니와, 때를 따라 숨고 운을 응하여 나타나는 것은 이것이 대도의 활용이니라. (중략)

군자가 환난에 처하면 환난대로 함이 그 도요, 곤궁에 처하면 곤궁대로 함이 그 도니, 우리들이 큰 환난을 지내고 큰 화를 겪은 오늘이라, 마땅히 다시 새로운 도로써 천리의 변화에 순응할 따름이니라.   《해월신사법설》〈기타〉

3) 타 종교에 대한 관용과 개방성

천도교는 천도교인의 사유물이 아니요 세계 인류의 공유물이니라.

천도교는 문호적門戶的 종교가 아니요 개방적 종교이니라.

천도교는 계급적 종교가 아니요 평등적 종교이며, 구역적 종교가 아니요 세계적 종교이며, 편파적 종교가 아니요 광박적廣博的 종교이며, 인위적 종교가 아니요 천연적 종교로서, 지금에도 듣지 못하고 옛적에도 듣지 못하였으며, 지금에도 비할 수 없고 옛적에도 비할 수 없는 새로운 종교이니라.

《의암성사법설》〈천도교와 신종교〉

4) 인내와 신중함

이와 같이 큰 도를 적은 일에 정성 드리지 말라. 큰일을 당하여 헤아림을 다하면 자연히 도움이 있으리라. 풍운대수風雲大手(마음을 쓰는 것)는 그 기국에 따르느니라. 현묘한 기틀은 나타나지 않나니 마음을 조급히 하지 말라. 훗날 공을 이루어 좋게 신선의 연분을 지어보자.　　　　　　　　　　　　　　《동경대전》〈탄도유심급〉

　겨우 한 가닥 길을 얻어
　걸음걸음 험한 길 걸어가노라.
　산 밖에 다시 산이 보이고
　물 밖에 또 물을 만나도다.
　다행히 물 밖에 물을 건너고
　간신히 산 밖에 산을 넘어왔노라.
　바야흐로 들 넓은 곳에 이르니
　비로소 대도가 있음을 깨달았노라.

　　　　　　　　　　　　　　　　　　　《동경대전》〈시문〉

　병 속에 신선 술이 있으니
　백만 사람을 살릴 만하도다.
　빚어내긴 천 년 전인데
　쓸 곳이 있어 간직하노라.
　부질없이 한 번 봉한 것 열면
　냄새도 흩어지고 맛도 엷어지네.
　지금 우리 도를 하는 사람은

입 지키기를 이 병같이 하라.

《동경대전》〈시문〉

5) 임사실천臨事實踐 10개조

1. 윤리를 밝히라.
2. 신의信義를 지키라.
3. 업무에 부지런하라.
4. 일에 임하여 지극히 공정하라.
5. 빈궁한 사람을 서로 생각하라.
6. 남녀를 엄하게 분별하라.
7. 예법을 중히 여기라.
8. 연원을 바르게 하라.
9. 진리를 익히고 연구하라.
10. 어지럽고 복잡한 것을 금하라.

《해월신사법설》〈임사실천십개조〉

4. 사명과 사회적 역할

이 항목은 천도교의 사회적 사명과 역할에 관한 구절들을 소개하고 있다.

종교의 본래적 역할은 개인의 구원에 그치지 않고, 사회의 평화적 통합과 구원에 있다. 그러므로 인간과 사회가 우주의 궁극적 질서에 합일될 수 있도록 하는 것이다. 인간성 상실, 이웃과 사회의 분열·분쟁, 온갖 종류의 이기심과 폭력, 생명 파괴의 삶으로부터 벗어나 새로운 차원의 평화 세계를 열어 나가기 위해서는 새로운 정신·도덕의 교화와 생명가치 실현을 위한 사회적 차원의 변혁 운동이 전개되어야 한다.

후천 5만 년의 새 역사를 만들어 갈 대운을 받은 새로운 영적 공동체로서의 교단은 새로운 문화의 씨앗을 인류 정신에 뿌려나갈 사명을 가지고 있다는 구절로부터 시작한다.

이어서 교회 공동체는 한울님과 하나 되며, 이웃과 화해하고, 모든 생명과 조화·일치하는 도의 실현체로서, 사회가 평화롭게 번영할 수 있는 일치와 통일의 정신을 가져야 할 것을 묘사하고 있다.

세 번째 주제에서는 정신개벽의 역할을 강조하고 있다. 기존 종교의 본래 이상이 그 빛을 잃어버리고, 그 경직된 가르침의 전통은 새롭게 개벽하는 한울님의 신령한 후천 변화 섭리를 따라가지 못하는 인류 정신의 혼란기에 있어, 무극대도의 새로운 정신과 도덕을 세계에 포덕하는 사명은 한울님의 새로운 명령임을 인식해야 할 것을 가르치는 구절이 인용된다.

네 번째 주제에서는 사회개벽에 관한 구절을 모았다. 국가의 공공 정의를 바로 잡고 민중을 평안하게 하며 세계를 평화롭게 번영시키기 위한 교회의 사회적 역할과 관련하여 새로운 도, 새로운 경제, 새로운 국제 질서 등의 방책이 필요함을 제시하고 있다.

마지막 주제에서는 천지가 개벽하던 처음의 운수를 회복하는, 세계 대전환의 후천개벽 시기에 있어 새로운 정신과 도덕, 새로운 문명과 사회를 창조적으로 열어가는 노력이 교회의 본분임을 가르치는 구절로 본장을 맺는다.

1) 개벽 역사의 창조적 주체

시호시호時乎時乎 이내 시호[75]
부재래지不再來之 시호로다.[76]
만세일지萬世一之 장부丈夫로서[77]
5만 년의 시호로다.
용천검龍泉劍 드는 칼을
아니 쓰고 무엇하리.
무수장삼舞袖長衫 떨쳐 입고
이 칼 저 칼 넌지시 들어
호호망망 넓은 천지
일신一身으로 비껴 서서
칼 노래 한 곡조를
시호시호 불러내니
용천검 날랜 칼은

---

75) 좋은 때 좋은 때 이내 좋은 때
76) 두 번 다시 오지 않을 좋은 때로다.
77) 만세에 한 번 나올 장부丈夫로서

일월을 희롱하고

게으른 무수장삼

우주에 덮여 있네.

만고萬古 명장名將 어디 있나

장부당전丈夫當前 무장사無壯士라.[78]

좋을시고 좋을시고

이내 신명 좋을시고.

《용담유사》〈검결劒訣〉

천지일월은 예와 이제의 변함이 없으나 운수는 크게 변하나니, 새것과 낡은 것이 같지 아니한지라, 새것과 낡은 것이 서로 갈아드는 때에 낡은 정치는 이미 물러가고 새 정치는 아직 펴지 못하여 이치와 기운이 고르지 못할 즈음에 천하가 혼란하리라. 이때를 당하여 윤리·도덕이 자연히 무너지고 사람은 다 금수의 무리에 가까우리니, 어찌 난리가 아니겠는가.

《해월신사법설》〈개벽운수〉

2) 일치와 화해의 중심

이러므로 예나 지금에 대인과 지사智士가 이어 나서 각각 그 나라에 주교主敎를 세우니, 이것이 민중을 화하고 풍속을 이루는 정책이니라.

---

78) 장부丈夫의 앞을 막을 장사壯士가 없도다.

대저 교를 세우는 것은 풀을 눕게 하는 바람 같으니 그 생령으로 하여금 마음을 주로 하여 의義를 믿게 하며 다 유일한 덕을 믿게 하는 덕이니라. 일이 만약 그렇지 아니하면 민중이 각자위심各自爲心하여 예의는 비록 아름다우나 어느 곳에 사용하랴.

《의암성사법설》〈명리전 척언허무장斥言虛誣章〉

저기에 한 나무가 있는데 나무에 세 가지 꽃이 피었도다. 저 나무의 저 꽃이여, 눈으로 빛난 꽃을 보는 사람은 이 누구의 공덕인가. 봄이 낳은 덕이요, 사람이 만든 공功이로다.

한 나무에 세 가지 꽃이란 무엇을 말함인가. 비유로 직언하면 한울에서 나기는 한가지나 각각 그 이름이 각 교로 된 것이니, 유·불·선 삼교는 한울에 근본하였으나, 각각 문호를 달리한 것이 이것이니라.

이와 같이 말하면 어찌 반드시 나무와 꽃만일까. 사람의 한 몸에도 마음에 세 가지 생각이 있으나 백 년 사이에 모든 일을 함께 이루느니라. 나무와 꽃의 봄 영화도 내가 내 한울을 즐거워하는 것만 같지 못하니라.

그렇게 세상이 되었으니 세 꽃의 기운은 한 봄의 공이요, 백 년의 일은 한 몸의 역사役事요, 한 나무의 한 꽃은 봄 마음이 합함이요, 한 몸의 한 교敎는 한울님과 사람이 합한 것이라. 합하면 하나요 헤어지면 둘이니 오직 우리 천도는 유·불·선 셋이 합일된 것이요, 다시 이것은 한 나무 위에 세 빛깔의 꽃과 같은 것이

니라.   《의암성사법설》〈삼화일목三花一木〉

3) 정신개벽과 새로운 정신의 포덕·교화

대신사大神師(최제우)께서 늘 말씀하시기를 "이 세상은 요堯임금
과 순舜임금, 공자孔子와 맹자孟子의 덕으로도 말하기에 부족하다."
하셨으니 이는 지금 이때가 후천개벽임을 이름이라.

선천은 물질개벽이요 후천은 인심개벽이니, 장래 물질의 발명
이 그 극에 달하고 여러 가지 하는 일이 전례 없이 발달을 이룰
것이니, 이때에 있어서 도심道心은 더욱 쇠약하고 인심人心은 더욱
위태할 것이며 더구나 인심을 인도하는 선천 도덕이 때에 순응치
못할지라.

그러므로 한울님의 신령한 변화 중에 일대 개벽의 운이 회복되
었으니, 그러므로 우리 도의 포덕천하布德天下·광제창생廣濟蒼生은
한울님의 명하신 바니라.   《해월신사법설》〈기타〉

사람은 유년·장년의 구별이 있으니 교의 오늘은 사람의 장년
시대라. 그 체는 한울님같이 크고, 그 빛은 해와 같이 솟았거늘 그
사상이 옛것을 그대로 가지면 어찌 옳다고 하겠는가.

우리 교의 본소本素는 가득히 차서 반 푼의 더할 것을 요구치
아니하나 이것을 발표하기는 사상 문명으로 현대 문명의 선구를
지어야 하느니라.

혹 이르기를 머리는 어떻고, 다리는 어떻고 하는 것은 아직 큰

장애를 면치 못하는 것이니, 다만 내심의 진실을 힘써서 한울의 조용한 기쁨을 얻는 것이 가하다 하나니, 이는 알지 못함이 심하도다.

작은 한 촛불이 암실 중에 있어 그 창벽이 모두 검으면 어두운 거리의 방황하는 사람을 어떻게 가까이 인도할꼬. 대덕을 펴고 베푸는 것은 우리 교의 먼저 착수할 것이니라.

《의암성사법설》〈대종정의 오교의 신사상시대〉

4) 사회개벽과 보국안민輔國安民·광제창생廣濟蒼生

어렵도다 어렵도다

만나기도 어렵도다.

방방곡곡 찾아들어

만나기만 만날진댄

흉중에 품은 회포

다른 할 말 바이없고

수문수답隨問隨答하온 후에

당당정리堂堂正理 밝혀내어

일세상一世上 저 인물이

도탄塗炭 중 아닐런가.

함지사지陷之死地 출생出生들아[79]

보국안민輔國安民 어찌할꼬.

《용담유사》〈권학가〉

---

79) 사지死地에 빠진 사람들아

이러므로 나라에 도가 있으면 집과 사람이 충족되고 물건이 다 넉넉하며, 나라에 도가 없으면 백성이 궁하고 재물이 다하여 밭과 들이 거칠어지나니, 이것을 미루어 생각건대 백성이 일정한 생업이 없고 일정한 생각이 없으면 나라를 장차 안보하기 어려울 것은 손바닥을 보는 듯하니라. (중략)

지금 우리 동양은 방금 상해傷害의 운에 있는지라, 조야朝野가 솥에 물 끓듯 하고 민생이 물 마른 못에 고기 날뛰는 것 같으니, 만일 강적이 침략하여 온다 할지라도 정부에서는 막을 만한 계책이 없고 가난과 추위가 뼈에 사무쳐 백성이 물리칠 힘이 없으니 실로 통곡할 일이로다. 전혀 다른 까닭이 아니라, 이것이 시대의 운수니 이를 장차 어찌할 것인가.

그러나 오직 우리 동포가 만약 보국안민할 계책을 잃으면 동양대세를 반드시 안보하기 어려울 것이니 어찌 통탄하지 아니하랴.

그러면 그 정책이 진실로 어디 있는가. 오직 우리 생령은 그 강개慷慨의 의리를 밝히어 결연히 금석 같은 마음을 지키고 대중의 힘을 합하여 하나로 꿰면, 지智·인仁·용勇 삼단이 그 속에서 화해 나오리니, 그것을 참으로 실시할 계책이 장차 어디 있는가.

《의암성사법설》〈명리전 치국평천하지정책장〉

5) 새로운 도덕문명의 창조

어화 세상 사람들아
무극지운無極之運 닥친 줄을

너희 어찌 알까 보냐.
기장하다 기장하다
이내 운수 기장하다.
구미산수龜尾山水 좋은 승지勝地
무극대도 닦아내니
5만 년지 운수로다.

《용담유사》〈용담가〉

천운天運이 둘렀으니
근심 말고 돌아가서
윤회시운輪廻時運 구경하소.
십이제국十二諸國 괴질운수怪疾運數
다시 개벽 아닐런가.
태평성세太平聖世 다시 정해
국태민안國泰民安할 것이니
개탄지심慨歎之心 두지 말고
차차차차 지냈어라.

《용담유사》〈몽중노소문답가〉

이 세상 운수는 천지가 개벽하던 처음의 큰 운수를 회복한 것이니, 세계 만물이 다시 포태胞胎의 수를 정치 않은 것이 없느니라. 경에 말씀하시기를 "산하의 큰 운수가 다 이 도에 돌아오니 그 근원이 가장 깊고 그 이치가 심히 멀도다." 하셨으니, 이것은 바로 개벽의 운이요 개벽의 이치이기 때문이니라. 새 하늘, 새 땅에 사람과 만물이 또한 새로워질 것이니라.

만 년에 대일변大一變, 천 년에 중일변中一變, 백 년에 소일변小一變은 이것이 천운天運이요, 천 년에 대일변, 백 년에 중일변, 십 년에 소일변은 이것이 인사人事이니라. (중략)

운을 따라 덕에 달하고 시기를 살피어 움직이면 일마다 공을 이루리라. 변하여 화하고, 화하여 나고, 나서 성하고, 성하였다가 다시 근원으로 돌아가나니, 움직이면 사는 것이요 고요하면 죽는 것이니라.　　　　　　　　　　　　　　　《해월신사법설》〈개벽운수〉

전통문화연구회 도서목록